포인트
수영 핸드북

일신서적출판사

크롤 – *Crawl*

▲ 크롤

1. **캐치** 팔을 똑바로 뻗고 엄지손가락 쪽에서 스무드하게 입수.
2. **풀** 곧 팔꿈치를 구부리고 물을 배 밑으로 밀려오게끔 힘차게 젓는다.
3. **푸시** 손바닥으로 강하게 뒤쪽으로 물을 넓적다리까지 확실히 밀자.
4. **리커버리** 넓적다리를 한 번 쓰다듬고 이 뒤는 팔꿈치의 리드로 수면 위로.

백(배영) – *Back*

팔꿈치를 높게 유지하여 스트로크를 리드. 킥은 허벅다리 기미로 채찍의 액션. 이것 만으로 수영이 훨씬 스마트하게 된다.

▼ 백(백영)

1. 캐치 팔을 똑바로 뻗고 새끼손가락 쪽에서 스무드하게 입수.
2. 풀 팔꿈치를 구부리고 물을 젓는다. 손을 상공 똑바로 선수선서.
3. 푸시 손바닥이 풀의 바닥을 향할 때까지 확실하게 물을 민다.
4. 리커버리 한쪽이 수면 위에 나오면 다른 쪽이 입수. 좌우의 손은 대각선으로 움직인다.

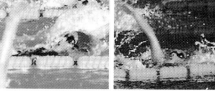

스트로크에서는 팔꿈치를 손바닥보다 아래쪽으로. 킥에서는 수중의 무릎을 너무 구부리지 말고 허리를 수면 가까이에 유지하는 것이 포인트.

브레스트(평영) － *Breast*

▲ 브레스트

1. 브레스트의 기본 자세. 발은 다 차 버린 상태. 손은 젓기 시작하기 직전.
2. 풀에서 팔꿈치를 구부리고 물을 껴안듯이 뒤쪽으로 푸시.
3. 양발의 끌어당김은 무릎을 너무 벌리지 말고 발끝이 바깥쪽을 향하도록.
4. 뒤쪽으로 차는 동시에 물을 끼우는 것처럼 양발을 가지런히 한다.

버터플라이(접영) － *Butterfly*

개구리 헤엄과 결정적으로 다른 것은 발의 동작. 옆이 아니고 새로로 킥한다. 스트로크에서는 손목을 무릎보다도 깊게 하고 물을 껴안는 것처럼 하자.

▼ 버터플라이

1. 리커버리에서 킥의 준비. 이때의 킥이 추진력을 낳는다.
2. 킥과 함께 양손을 캐치. 엄지손가락 쪽에서 45°로 입수.
3. 풀. 양손끝을 접근시켜 배 바로 아래에서 물을 젓는다. 발은 킥의 준비.
4. 푸시의 종료와 동시에 킥도 종료. 얼굴이 수면 위에 나오면 호흡한다.

킥의 포인트는 허리. 허리의 동작으로 발을 흔든다고 생각하자. 스트로크는 크롤을 양손으로 한다고 생각하면 된다. 허리가 놀면 손도 쓸 수 없다.

지향하자! 경기대회

초심자의 연습은 거리를 길게 한다 → 파워 업 → 타임이 단축으로 나아
가는 것이 상도. 결과적으로 타임이 좋아지면 그만큼 실력이 늘었다고
생각해도 좋고 큰 자신과도 연결된다. 선수를 목표로하는 사람도 그렇
지 않는 사람도 기회가 있으면 자주자주 경기대회에 도전하자. 또 일류
선수나 베테랑의 수영은 보는 것만으로도 자신의 연습이 되는 것이다.

Swimming

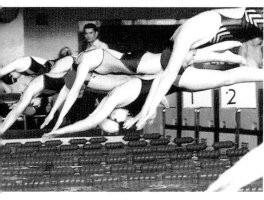

수영 스타가 되자!

톱 스위머를 목표로 한다면 피나는 노력이
필요하다. 물론 이것은 매일 계속해야 한다.
또한 좋은 몸을 만들고 싶은 젊은이라면
바로 지금부터 수영을 익혀야 할 것이다.

머리말

우리들의 생활에서 물은 필요불가결한 것이다. 물이 풍부하고 치수가 완비된 나라일수록 농업이나 근대산업이 성행하여 사람들도 풍요롭게 살고 있다. 다행히 우리들 주변에는 물이 풍부하게 있어 이 물을 이용하여 행하는 스포츠의 대표가 『수영』인 것이다.

수영의 가장 큰 특성은 어린아이부터 노인에 이르기까지 연령의 구별없이 누구든지 할 수 있다는 것이다. 아기가 태어나기 전부터 어머니의 뱃속에서 양수에 친숙해 있다고 말할 수 있듯이 말이다.

아기가 태어나면 곧 목욕물에 잠기고 마치 헤엄치려고 하는 것처럼 손발을 열심히 움직인다. 이처럼 우리들과 수영과의 관계는 생명을 받은 것과 동시에 시작하는 셈인데 수영이외의 스포츠로는 생각할 수 없는 일이다. 이런 인연이 깊은 수영을 자기 뜻대로 할 수만 있다면 얼마나 즐거운 일일까.

우리들의 몸은 비중이 물과 같게 되어 있다. 즉, 물에 들어갔을 때 자기 체중이 물의 무게와 상쇄되어 무와 같게 된다. 공기를 가슴 가득히 들이마시면 몸은 뜨고, 내뱉으면 가라앉는다. 물 속에서 자기 몸을 지탱할 필요가 없기 때문에 걷지 못하는 아기나 운동 능력이 떨어진 노인이라도 수영을 할 수 있는 것이다.

수영은 전술한 바와 같이 무중력에 가까운 상태로 몸을 눕힌 채 전신을 사용하여 행하는 스포츠이다. 동시에 육상에서는 체험할 수 없는 수압이 몸 전체에 걸린다. 『무중력에 가까운 상태』『몸을 눕힌 자세로 전신운동을 한다.』『알맞은 수압이 전신에 걸린다.』이러한 것으로 우리들에게 대단히 중요한 평형감각을 자라나게 하고 기를 수 있게 되는 것이다.

일찍이 수영장은 바다, 강, 호수 등 자연의 곳이었다. 거기에서는 A점에서 B점까지 헤엄치는 것이 절대적인 조건이었다. B점까지 헤엄쳐 가지 못하면 큰 일이 되어 버리기 때문이다. 그래서 초심자들은 빠르게 헤엄치는 것보다도 100m, 500m, 1000m, 2000m라는 긴 거리를 헤엄치는 것을 제일의 목표로 하기 바란다.

긴 거리를 수영하기 위해서는 수영에 불필요한 힘이 들어가서는 안 된다. 기본에 충실한 올바른 영법을 배우고 익히는 것이 선결문제이다. 그리고 충실한 연습을 끈기있게 쌓아가는 것이 올바르고 아름다운 폼을 마스터하는 지름길이다.

대충 영법을 마스터하면 스태미나 만들기와 파워 업을 목표로 한 연습에 들어가자. 스태미나 만들기와 파워 업에도 특효약은 없다. 목적에 맞는 합리적인 연습을 계속하는 것이 목적달성을 위한 유일한 방법이다. 여기서 주의해야 할 것은 서두르는 나머지 오버 파워가 되기 쉽다는 것이다. 몸에 고장이라도 생기면 그것이야말로 주객 전도이다.

스위밍 풀에서 충분히 연습하여 자신이 붙으면 이번에는 널찍한 바다에서 수영을 해 보자. 해안에서 감자를 씻는 얕은 여울을 빠져나가 수평선을 향해 수영해 가는 자기 모습을 그리고 바위밭에서는 발 아래 흔들리는 해초 속에 떼지어 모이는 물고기를 보면서 수영하는 자기의 모습을 상상해 보기 바란다. 수영할 수 있다는 즐거움을 만끽할 수 있을 것이다.

이 책은 전혀 수영을 못하는 초보자부터 좀처럼 실력이 늘지 않아 본격적으로 수영을 배우고 싶다는 사람들을 주대상으로 알기 쉬운 설명과 풍부한 일러스트로 해설한 입문서이다. 본문의 내용도 교과서적인 해설을 피하고 포인트에 초점을 맞추어 구성했으므로 대충 보고 자기의 약점을 찾는 것만으로도 효과가 있을 것이다.

건강 증진에, 또 미용에 이 책의 독자 중에서 한 사람이라도 많은 사람들이 수영을 평생 스포츠로서 사랑해 갈 것을 바라마지 않는다.

차   례

당신의 수영실력 향상은
저희 일신의 자랑입니다.
－스포츠서적 편집실－

제 1 장
기본 기술 마스터

어떤 스포츠도 마찬가지겠지만 수영은
정성들여서 준비운동을 할 필요가 있다.
왜냐하면 준비운동의 부족이나
과도의 운동량이 원인이 되어
뜻하지 않은 사고가
흔히 일어나기 때문이다.

① 기본 연습

인간은 원래 수영이 서투른 동물

　개나 원숭이가 갑자기 물 속에 뛰어들면 어떻게 될까. 처음에는 허둥대다가 얼마 안가서 헤엄치기 시작한다. 개나 고양이뿐 아니라 네 발로 걷는 동물이면 코끼리조차도 확실히 헤엄칠 수가 있다. 머리의 위치나 손발의 상태가 자연스럽게 "개헤엄"을 칠 수 있는 모양으로 되어 있기 때문이다.

　이에 반해서 인간의 경우는 자연스럽게 개헤엄을 칠 수 있는 골격이 아니어서 불가능하다. 즉, 인간은 태어난 그대로의 상태에서는 가장 수영이 서투른 동물이다. 그러므로 학습을 한다. 반대로 말하면 서투르기 때문에 학습을 함으로써 다른 동물보다 훨씬 수영을 잘 할 수 있게 되는 것이다.

물 속에서 눈을 뜬다 ── 이것이 철칙이다

얼굴을 물에 담근다. 물에 담그면 이번에는 물 속에서 눈을 뜬다. 이 두 가지를 할 수 있으면 나머지는 연습에 따라 순조롭게 헤엄칠 수 있게 된다. 우선 높이가 맞는 풀에서 이것을 철저하게 해 보자. 아무리 해도 안 되는 사람은 샤워를 하면서 눈을 뜨는 연습부터 시작하는 것도 좋다.

몇 번이고 되풀이 해 가면 공포심이 풀리게 된다.

숨을 멈추고 얼굴을 물에 담궈 보자. 담그면 거기서 눈을 뜬다.

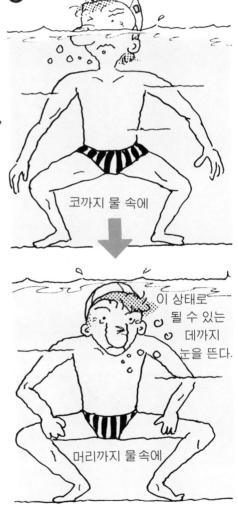

코까지 물 속에

이 상태로 될 수 있는 데까지 눈을 뜬다.

머리까지 물 속에

폐는 튼튼한 부낭이다

물 속에서 눈을 뜰 수 있게 되면 다음엔 어떤 모양을 하더라도 혼자서 떠 보자. 마음껏 숨을 들이마시고 폐에 가득히 공기를 넣으면 사람의 몸은 반드시 뜬다. 폐를 부낭이라고 생각하면 공포심도 풀어지게 될 것이다.

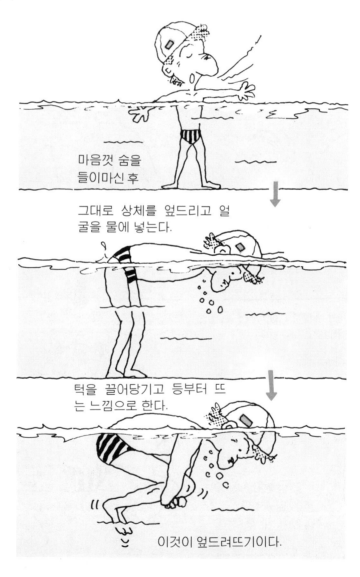

마음껏 숨을 들이마신 후

그대로 상체를 엎드리고 얼굴을 물에 넣는다.

턱을 끌어당기고 등부터 뜨는 느낌으로 한다.

이것이 엎드려뜨기이다.

최대한 가라앉아 보자

   풀의 바닥까지 가라앉는 것은 의외로 어렵다. 뜰 수 있게 되면 이 가라앉는 감각도 익히고 싶어진다. 요령은 몸 속의 공기를 전부 내보낼 작정으로 숨을 내뱉고 몸의 힘을 빼야 한다. 여기까지 할 수 있으면 이제 물은 무섭지 않다.

풀 사이드를 붙잡고 몸을 가라앉힌 뒤 숨을 전부 내뱉는다.

천천히 손을 떼고 풀의 바닥에서 누워 뒹굴 수가 있으면 최고이다.

수면에서 옆으로 누울 수 있게 되면 스위머라는 말을 듣게 된다

엎드려뜨기를 할 수 있게 되면 이제 본격적으로 떠 보자. 풀에 서서 가볍게 숨을 들이마시고 양손을 똑바로 앞으로 뻗은 다음 얼굴을 물에 담근 상태에서 그대로 앞으로 쓰러지듯이 엎어진다. 손발의 힘을 빼고 허리를 잘 펴는 것이 요령이다. 발이 뜨기 어려운 경우에는 풀 사이드에 양손을 걸고 허리에서 발을 뜨게 하는 연습을 하면 좋다. 고개를 숙일 수 있게 되면 고개를 젖혀 위를 보는 자세로 해 보자. 이것으로 스위머라는 말을 들을 수 있다.

손발의 힘을 빼고 느긋하게 허리를 편다.

고개를 젖혀 위를 보는 경우에도 요령은 같다.
허리를 펴고 턱을 조금 올리도록 하면 좋다.

지상에서는 코,
수중에서는 입이 호흡의 주역

지상에서 생활하고 있을 때의 인간의 호흡은 코가 주체이고 입이 보조적인 역할을 한다. 그러나 헤엄칠 때는 이 관계가 반대로 된다는 것을 알아두자. 내뱉을 때는 입과 코, 그리고 숨을 들이마실 때는 입만으로 한순간에 크게 들이마신다. 간단한 것 같지만 예상외로 어려운 것이 이 호흡법이다. 실제의 영법 연습에 들어가기 전에 입으로 들이마시고 입과 코로 내뱉는 이 호흡법을 충분히 연습해 두자.

우선 지상에서 코와 입으로 내뱉고 입만으로 들이마시는 연습을 한다.

3분의 1정도 입을 물에 담그고 같은 방법으로 해 본다.

물 속에 얼굴을 담그고 숨을 내뱉는다.

얼굴을 수면에 내밀고 입으로 들이마신다.

파프링을 해 보자

　실제로 영법 연습을 해 보면 잘 알겠지만 헤엄치고 있는 도중에 입을 수면에 내미는 것은 그야말로 일순간에 지나지 않는다. 즉, 한가로이 숨을 들이마실 여유 따위는 없고 한숨에 들이마시지 않으면 안 된다는 것이다. 이 타이밍을 익히는 데는 파프링이 가장 적합하다. 수면에 얼굴을 내미는 것과 동시에 공기를 "먹는"느낌으로 호흡하는 것이 요령이다.

숨을 마음껏 들이마신 다음 얼굴을 물 속에 담그고 잠시 참는다.

천천히 코와 입으로 숨을 내뱉는다.

얼굴을 쑥 내밀고 단숨에 숨을 들이마신다. 이 반복이 파프링이다.

물장구와 호흡은 함께 한다

물장구와 파프링을 짝지어서 해 보자. 풀 사이드에 양손을 걸고 발을 동동거리면서 숨을 내뱉는다, 얼굴을 들고 숨을 들이마신다, 이런 식의 연습이므로 당황하지 말고 처음에는 천천히 확실한 리듬으로 하는 것이 좋을 것이다.

눈과 귀는 절대 오픈

여기까지의 레슨과 앞으로의 레슨도 모두 눈을 뜬 채로 한다는 것을 잊지 말기 바란다. 눈을 감은 채로는 걷기 어려운 것과 같이 수영도 눈을 감고서는 할 수 없다. 균형을 유지할 수 없기 때문이다. 같은 뜻으로 귀마개를 하는 것도 좋지 않다. 눈과 귀를 확실하게 오픈하는 것이 기본이다.

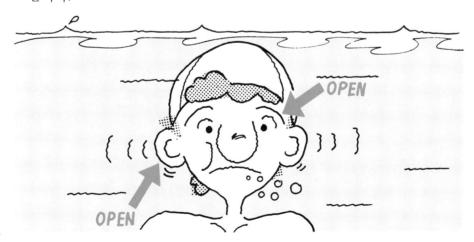

벽을 차서 나아가 보자

크롤의 문을 두드리기 위한 최후의 스텝은 "차고 나아가기"이다. 손발을 뻗어서 뜬 상태에 추진력과 호흡을 혼합시키는 것이다. 추진력은 풀의 바닥을 차도 좋으나 벽을 양발로 차는 것이 확실하다. 손을 똑바로 뻗어 5m를 목표로 전진해 보자. 추진력이 없어져서 멈춰 설 때는 상체를 확실하게 일으킨 다음 양발을 붙여야 한다. 당황하게 되면 물을 마시게 되는 경우도 있다.

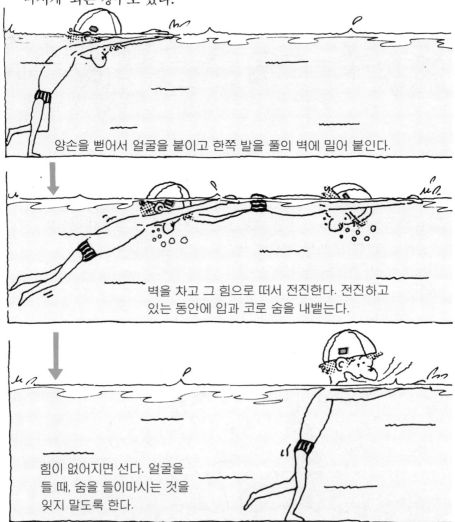

양손을 뻗어서 얼굴을 붙이고 한쪽 발을 풀의 벽에 밀어 붙인다.

벽을 차고 그 힘으로 떠서 전진한다. 전진하고 있는 동안에 입과 코로 숨을 내뱉는다.

힘이 없어지면 선다. 얼굴을 들 때, 숨을 들이마시는 것을 잊지 말도록 한다.

원 포인트 어드바이스 ─준비운동

물에 들어가기 전에 기억해 둘 사항

어떤 스포츠도 마찬가지지만 수영의 경우는 특히 정성들여 준비운동을 할 필요가 있다. 다른 스포츠와 달리 몸의 주위 상황이 완전히 다르므로 준비운동의 소홀함이 그대로 대사고로 이어지는 경우도 있기 때문이다. 손발이나 허리 등 각 부분의 근육을 뻗는데 포인트를 두고 천천히 워밍 업하자.

양손을 머리 위에서 끼고 힘껏 발돋움 한다.

발을 어깨 폭으로 벌려서 몸을 뻗는다. 좌우 함께 한다.

천천히 상반신을 회전시 킨다. 좌우 함께 한다.

목을 빙빙 돌린다. 좌우 함께 한다.

어깨 관절운동 으로 양손을 빙빙 돌린다.

허리에 손을 대고 상반신을 뒤로 젖힌다.   앞굽히기. 반동을 붙이지 말고 한다.

무릎을 완전히 뻗는다. 좌우 함께 한다.

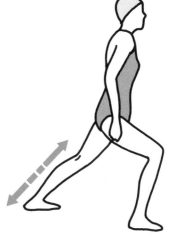

아킬레스건을 뻗는다. 좌우 함께 한다.

샤워로 몸을 물에 익숙하게 해 두자.

② 크롤

수면의 슈퍼맨처럼
근육은 유연한 상태인가!

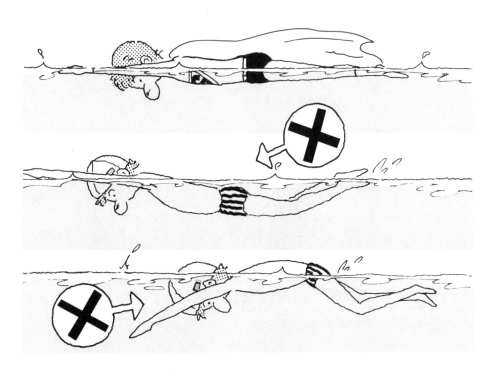

엎드려뜨기의 자세에서 좀더 손발을 똑바로 뻗는데 유의해서 뜨는 것이 크롤의 기본자세이다. 이것이 확실하게 되어 있지 않으면 아무리 어려운 기술을 마스터해도 빨리 헤엄칠 수가 없다.

포인트는 양팔은 귀에, 발은 무릎에서 위를 가볍게 맞닿게 하는 것에 주의하여 손 전체나 발 전체에 힘을 넣지 않는 것이다. 허리만 툭 튀어나와 몸이 ㄱ자로 굽어진 것 같이 뜨는 법이나 반대로 허리가 가라앉아 손발이 뒤로 젖혀진 것 같이 뜨는 법은 좋지 않다. 자기 자신은 알기 어려우므로 다른 사람으로부터 체크를 받도록 하자.

우선 킥으로 전진

기본자세가 갖추어지면 다음 단계는 물장구에 의한 전진이다. 발을 번갈아 움직이는 데 따라서 기본자세가 무너지지 않도록 천천히 킥하고 몸이 물을 갈라서 나아가는 감을 파악한다.

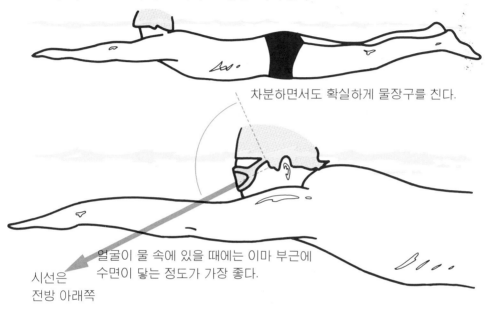

차분하면서도 확실하게 물장구를 친다.

얼굴이 물 속에 있을 때에는 이마 부근에 수면이 닿는 정도가 가장 좋다.

시선은
전방 아래쪽

호흡을 할 수 있으면 됐다

얼굴을 잠수만 하고 있으면 숨을 계속할 수 없으므로 물장구 전진에 호흡을 추가하자. 요령은 파프링과 같다. 양손을 똑바로 뻗어 양팔 사이에 얼굴을 냈다 넣었다 하면서 호흡한다.

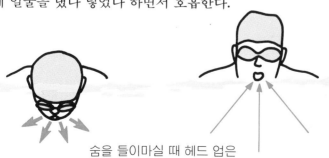

숨을 들이마실 때 헤드 업은
최소한으로 멈추도록 하자.

물장구가 슈퍼맨의 기본

손의 스트로크를 할 수 있게 됨에 따라 발은 보조적인 역할을 하게 되는데 그렇다고 해서 손을 집중적으로 연습하는 것은 절대로 안 된다. 초심자는 발을 완성시키는 것이 선결문제이다. 킥이 정확하지 않으면 몸이 확실하게 뻗지 못하고 손의 힘도 효과있게 쓸 수 없게 되기 때문이다. 풀 사이드를 붙잡든지, 비트판을 갖든지 하여 물장구의 연습을 확실하게 하자. 요령은 유연하게 일정한 리듬으로 천천히 물을 치는 것이다. 찼을 때 무릎이 똑바로 뻗고 끌어당길 때에 가볍게 구부러지는 것 같은 느낌이다. 다리의 힘은 빼고 발의 흔들림을 크게 하자.

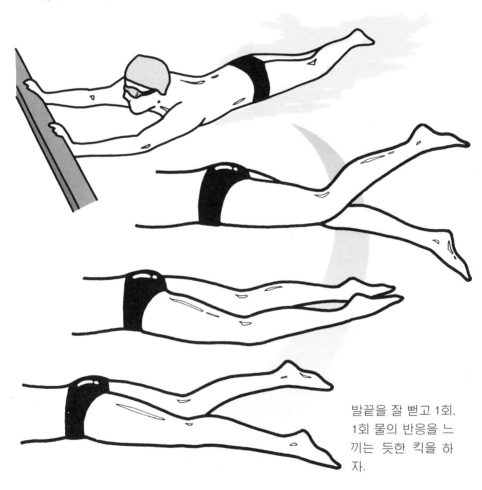

발끝을 잘 뻗고 1회, 1회 물의 반응을 느끼는 듯한 킥을 하자.

22

서투른 킥은 물보라가 많다

풀 사이드를 붙잡고 물장구의 연습을 할 때, 물보라의 양이 실력향상
이 되는 하나의 기준이 된다. 어느 정도 물보라가 이는 것은 어쩔 수
없지만 발 전체로 철썩철썩 요란한 물보라만 내고 있어서는 안 된다.

킥은 넓적다리에서 차내는 느낌으로 …

킥은 넓적다리에서 차내는 것 같은 느낌으로 하자. 무릎에서 아래만
을 써서는 실력향상을 바랄 수 없다. 넓적다리에서 쳐내려서 그 힘이
아래쪽으로 전달되어 발등으로 물을 민다는 것이 가장 좋다. 양발의 간
격은 발가락끝이 가볍게 닿는 정도로 한다.

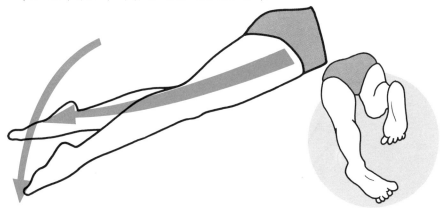

크롤은 손이 메인 엔진

킥을 어느 정도까지 할 수 있게 되면 몸이 충분히 물에 "눕는 것"처럼 된다. 여기서 손 즉, 스트로크의 연습에 들어간다. 발이 몸의 안정을 유지하는 역할이라면 손은 추진력을 낳는 중추 엔진이다. 크롤의 경우, 일류 스위머이면 손과 발의 비율은 8대 2정도로 손이 중요하다. 물론 초심자가 느닷없이 톱 스위머의 기술을 흉내내는 것은 무리이다. 처음에는 아래 그림의 팔 동작을 머리에 넣고 자기 나름대로 해 보면 좋다. 포인트는 어깨, 팔꿈치, 손목에 힘을 넣지 않는 것과 입수하면 손을 똑바로 앞으로 뻗는 것이다.

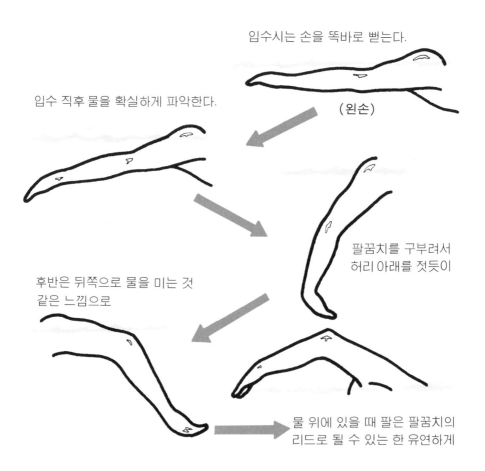

입수시는 손을 똑바로 뻗는다.

（왼손）

입수 직후 물을 확실하게 파악한다.

팔꿈치를 구부려서 허리 아래를 젓듯이

후반은 뒤쪽으로 물을 미는 것 같은 느낌으로

물 위에 있을 때 팔은 팔꿈치의 리드로 될 수 있는 한 유연하게

글라이드 스트로크를 해 보자

입수시에 팔을 똑바로 뻗는다. 이것은 대단히 중요한 일인데 본인은 그렇게 하고 있다고 생각하고 있지만 실제로는 전혀 되어 있지 않는 경우가 많다. 따라서 팔을 뻗은 채 스트로크를 계속하는 글라이드 스트로크의 연습을 해 보자.

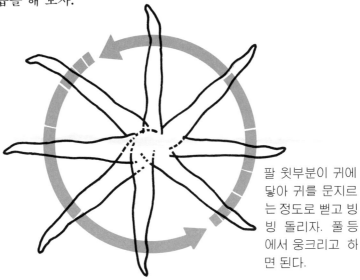

팔 윗부분이 귀에 닿아 귀를 문지르는 정도로 뻗고 빙빙 돌리자. 풀 등에서 웅크리고 하면 된다.

물방아로는 앞으로 나아가지 않는다

글라이드 스트로크는 실제 크롤의 손 동작은 아니다. 수중에서도 손을 뻗은 물방아와 같은 동작으로는 힘을 효과있게 쓸 수 없기 때문에 굽혀서 물을 젓는 것이 정답이다.

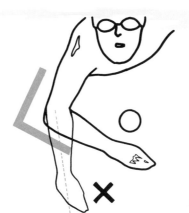

손바닥은 둥글지 않은가

수중에서의 손바닥 모양도 놓쳐서는 안 될 중요한 포인트이다. 다섯 손가락을 벌리는 것은 논외이지만 일부러 물을 퍼올리는 것처럼 손바닥을 둥글게 해버리는 것도 틀린다. 확실하게 물을 잡을 것 같지만 손목에 힘이 들어가 면적이 작아지므로 안 된다. 가볍게 손가락을 가지런히 한 모양이 정답이다.

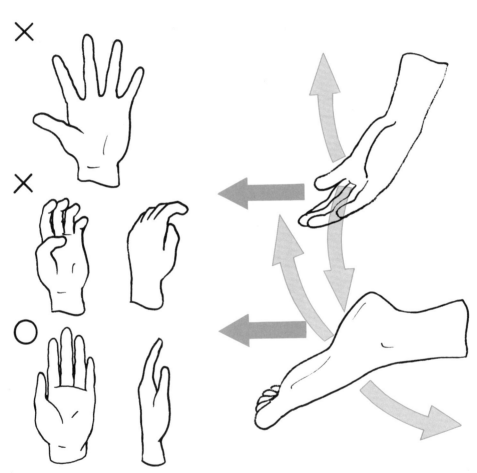

자연스러우면서도 가볍게 손가락을 가지런히 한다.

위를 밀면 몸이 가라앉고 아래를 밀면 떠버린다. 또 뒤쪽으로 밀지 않으면 전진하지 않는다.

26

엘보우 업이 대기본

글라이드 스트로크로 팔을 똑바로 뻗을 수 있게 되면 이번에는 엘보우 업을 도입해 보자. 손을 물에서 뺄 때 팔꿈치부터 들고 그대로 팔꿈치로 리드하여 입수로 가져간다.

의식적으로 팔꿈치를 높이 들고 다른 부분은 유연하게 하는 것이 포인트이다. 엘보우 업은 어깨와 손목의 여분의 힘을 빼는 것이 목적이므로 팔꿈치로부터 앞쪽은 흔들흔들할 정도가 가장 좋다. 이 엘보우 업을 할 수 있게 되면 그 다음으로 호흡의 연습에 들어가게 된다.

엘보우 업이 정확하게 되면
초보자 졸업도 멀지 않다.

엄지손가락 인, 새끼손가락 아웃

　손의 동작을 좀더 상세하게 추적해 보자. 우선 입수는 손바닥을 약간 바깥쪽으로 향해서 엄지손가락부터 물에 들어가는 것이 가장 좋다.
　손바닥이 물에서 나올 때는 반대로 새끼손가락부터 하는 것이 가장 자연스럽다. 즉, 엄지손가락 인에 새끼손가락 아웃이다.

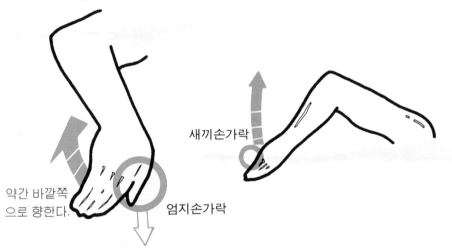

새끼손가락

약간 바깥쪽
으로 향한다.

엄지손가락

나올 때는 넓적다리를 한 번 쓰다듬듯이

　라스트 푸시한 손은 그대로 몸 곁에 따르게 하여 넓적다리를 언뜻 쓰다듬는 느낌으로 올라간다.

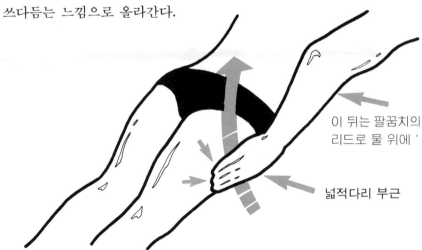

이 뒤는 팔꿈치의
리드로 물 위에

넓적다리 부근

팔꿈치는 90°라도 OK

수중에서는 팔꿈치를 구부리라고 썼지만 초심자일 때는 구부렸다고 생각해도 구부려져 있지 않은 경우가 많다.

입수시의 여세로 팔이 아래로 뻗어 버린다. 따라서 입수하면 얼굴 아래 부근에서 팔을 의식적으로 90°로 구부리는 방법이 좋다. 90°에서 서서히 효율이 좋은 각도를 찾으면 된다.

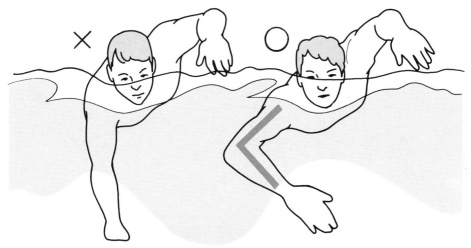

우선 한 손만으로 해 보자

스트로크의 기본 테크닉을 습득하면 한 쪽 손만의 연습을 해 보자. 다른 한 쪽의 손은 비트판에 얹어서 부력을 만들고 한 쪽 손으로 확실한 스트로크를 천천히 한다. 엘보우 업에 주의하면서 킥을 제대로 한다. 킥과 스트로크의 리듬을 외우기 위해서도 이 한쪽 손 연습은 유효하다.

항상 엘보우 업을 유의하자.

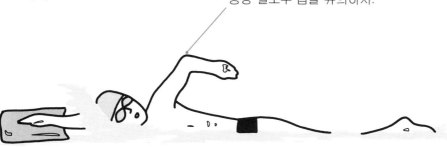

크롤의 호흡은 모든 수영에 통한다

파프링 연습의 요령으로 킥과 스트로크에 호흡을 첨가해 보도록 하자. 엘보우 업으로 팔꿈치를 높이 올릴 때 숨을 들이마신다. 얼굴을 앞이 아니고 옆으로 구부리는 차이는 있으나 기본적으로는 파프링과 같다(버터플라이 등도 같음). 요령은 조금씩 코에서 내고 얼굴을 들기 직전에 강하게 내뱉고 그 반동으로 단숨에 숨을 들이마신다. 계속 숨을 내뱉고 있으면 들이마시는 양이 적어져서 호흡을 계속할 수 없다.

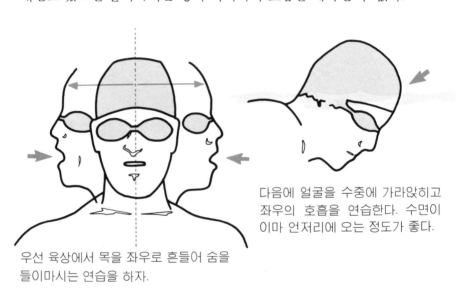

다음에 얼굴을 수중에 가라앉히고 좌우의 호흡을 연습한다. 수면이 이마 언저리에 오는 정도가 좋다.

우선 육상에서 목을 좌우로 흔들어 숨을 들이마시는 연습을 하자.

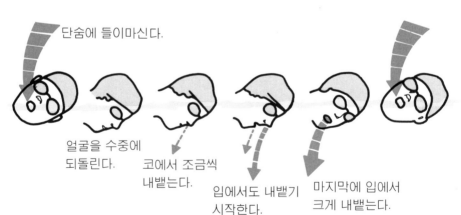

단숨에 들이마신다.

얼굴을 수중에 되돌린다.

코에서 조금씩 내뱉는다.

입에서도 내뱉기 시작한다.

마지막에 입에서 크게 내뱉는다.

타이밍을 재라

호흡에서 가장 중요한 것은 타이밍을 일정하게 하는 것이다. 특히 호흡이 어려운 크롤은 이 타이밍을 중시한다. 기준은 팔꿈치가 물에서 나오는 순간으로 이때 얼굴을 옆으로 흔들고 엘보우 업과 동시에 들이마시면 좋다.

손이 수중에 있을 때 얼굴은 바로 아래

팔꿈치가 수면에 나올 때 얼굴이
옆을 향하기 시작한다.

손이 수면에서 나왔을 때 단숨에
숨을 크게 들이마신다.

좌우 모두 호흡할 수 있도록

　오른손잡이, 왼손잡이가 있듯이 사람에 따라 좌우로 호흡을 잘하고 못하고가 있다. 좋아하는 쪽만 잘 하면 된다고 생각해서는 안 된다. 특히 경영이 되면 옆 코스의 상황에 의해서 한 쪽의 호흡이 불가능하게 되는 경우도 있다.

왼쪽

오른쪽

왼쪽

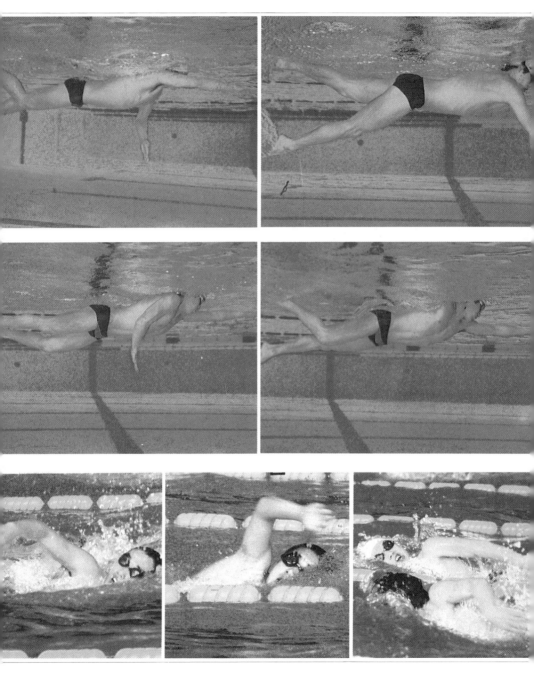

걷는 것처럼 크롤을 할 수 있는가

여기까지 레슨에서 배운 것을 살려서 조금 긴 거리를 헤엄쳐 보자 (우선 25m, 다음에 50m라는 식으로). 속도는 전혀 무시해도 되므로, 킥, 스트로크, 호흡을 확실하게 하면서 헤엄치는 것이 포인트이다. 천천히 길을 걷는 것과 같은 느낌으로 크롤을 할 수 있느냐 없느냐이다. 아직 충분한 수영은 되지 않겠지만 천천히 헤엄치고 있는 동안에 "스트로크가 조금 부자연스럽다"는 것 등을 알게 될 것이다. 그 의문이 실력향상에의 관건이다.

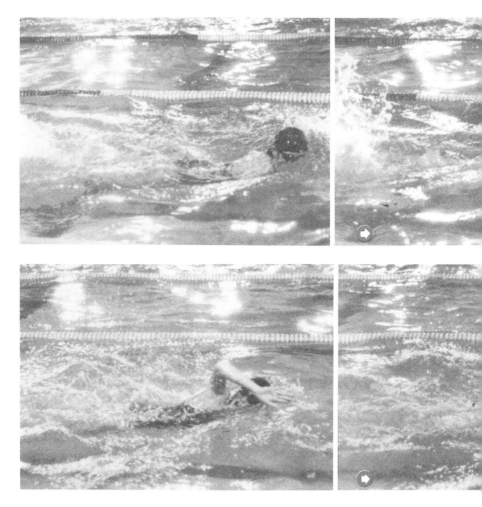

6비트의 리듬을 몸이 느낄 때까지

천천히 헤엄치고 있어도 한 가지만을 실행하지 않으면 안 되는 것은 킥과 스트로크와 호흡의 리듬을 확실하게 하는 것이다. 크롤의 기본은 1스트로크 1브레스(호흡), 6비트이다. 즉, 좌우의 손으로 1회씩 젓고 그 사이에 좌우 어느 쪽에선가 1회 호흡, 킥 6회라는 것이다. 톱 스위 머가 되면 리듬이 변하는 경우도 있으나 초심자는 이 6비트의 리듬이 절대조건이다. 속도에 관계없이 이 리듬을 몸이 느낄 때까지 연습해 주기 바란다.

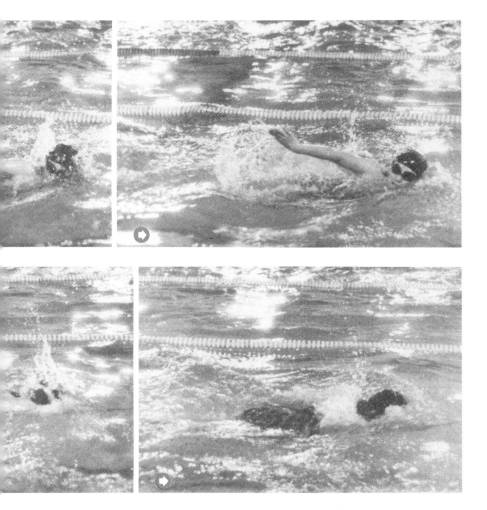

크롤의 체크 포인트

베이직 크롤의 라스트로서 전체의 체크 포인트를 보기로 하자. 자기 자신이 확인할 수 있는 경우도 많으나 물보라, 엘보우 업, 몸의 상태 등은 다른 사람에게 봐달라고 하는 편이 정확하게 체크할 수 있다. 자기류에 빠지지 않기 위해서 친구와 서로 체크를 교환하는 훈련이 좋다.

① 물보라는 어떤가

철썩철썩 요란한 물보라는 절대로 불가. 더욱 나쁜 것은 무릎과 발목의 힘이 빠지지 않아 푸드득푸드득 하고 정강이로 물을 치고 있는 것 같은 킥이다.

② 무릎에 힘이 너무 들어가 있지 않은가

무릎과 발목에 불필요한 힘이 들어가 있으면 물보라가 많은 서투른 킥이 되고 피로하기 쉬워 오래 계속할 수 없다. 곧 킥이 무너져 버리는 사람은 무릎과 발목의 탈력에 유의하자.

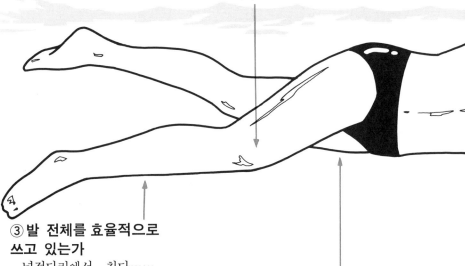

③ 발 전체를 효율적으로 쓰고 있는가

넓적다리에서 친다…… 이것을 항상 잊지 않도록 한다. 발목을 확실히 뻗고 발등으로 물을 푸시하고 있는지 어떤지도 중요하다. 이것이 되어 있지 않은 것도 요란한 물보라의 원인이 된다.

④ 몸은 슈퍼맨인가

구부정한 자세, 묘하게 뒤로 젖힌 몸은 금기이다. 아무리 해도 몸이 바로 뻗지 않는 초심자는 다시 한 번 물장구에서부터 연습을 반복하는 것이 좋다.

⑤엘보우 업은 되어 있는가

팔꿈치에서 나오고 있는가, 수상에서는 팔꿈치가 가장 높은 위치에 있는가, 손 끝이 유연하게 있는가가 포인트이다. 입수와 동시에 손이 바로 뻗는지 어떤지도 이것으로 결정된다.

⑥수중의 팔꿈치는 구부러져 있는가

물방아나 외륜선과 같은 움직임으로는 추진력을 벌 수 없다는 것을 상기하기 바란다. 입수하면 팔꿈치를 구부리고 가장 힘을 발휘하기 쉬운 상태에서 물을 젓는다.

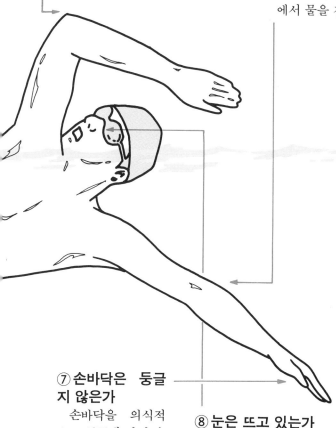

⑨공기를 확 들이마실 수 있는가

곧 호흡이 곤란해지는 것은 모양만 되어 있고 확실하게 숨을 들이마시지 못한 증거. "공기를 먹는다." 즉, 단숨에 들이마시자.

⑦손바닥은 둥글지 않은가

손바닥을 의식적으로 둥글게 하면 손의 다른 부분에도 불필요한 힘이 들어가고 반대로 손가락이 벌어져 있으면 물을 잡을 수 없다.

⑧눈은 뜨고 있는가

기본 중의 대기본이다. 본인은 눈을 뜨고 있다고 생각하지만 입수의 순간이나 얼굴이 수중에 있을 때에 감아버리는 경우가 있다. 풀의 코스 라인 등 무언가를 보면서 헤엄치자.

③ 백(배영)

안심, 안전이 자신을 높여 준다

수영을 하고자 하는 사람 대부분은 크롤부터 시작하고 수영학교에서도 처음에는 크롤이 보통이지만, 사람에 따라서는 백부터 시작하는 편이 좋은 경우도 있다.

등뜨기만 할 수 있으면 누구든지 헤엄칠 수 있다는 하기 쉬운 점이 엎드려뜨기에서 입문하는 크롤과 같고 얼굴이 언제나 수면 위에 나와 있다는 것에서 오는 안심감은 크롤보다도 낫기 때문이다.

안심감이 있으므로 몸이 유연해져서 실력향상도 빠르다. 실력이 향상되면 자신이 붙어서 다른 영법에도 도전하기 쉽다는 좋은 효과가 생겨난다.

구부정한 자세는 불합격

백의 기본자세는 등뜨기이다. 양손을 앞쪽으로 뻗어도 좋고 몸쪽에 따르게 하여도 좋다. 포인트는 허리가 확실하게 수면 가까이에 있고, 양발이 똑바로 뻗어 있어야 한다. 얼굴이 수물을 무서워하여 상체에 각도를 붙이면 허리가 가라앉아 버린다. 가슴을 펴고 턱을 가볍게 끌어당기는 모양이 가장 좋다. 의식적으로 허리를 내미는 것처럼 해 보자.

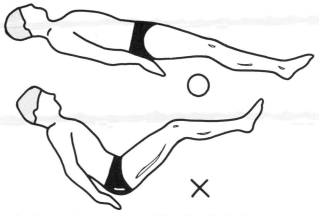

잘하는 사람은 눈으로 알 수 있다

턱을 약간 끌어당긴 모양이 가장 좋으나 이것을 유지하는 데는 시선이 결정적인 수단이 된다. 위를 보게 되기 때문에 목표를 정하기가 어렵지만 항상 진행방향에 대하여 바로 위에서 조금 뒤쪽을 보아야 한다. 그리고 각도를 정하면 그 포인트에서 시선을 떼지 않는다.

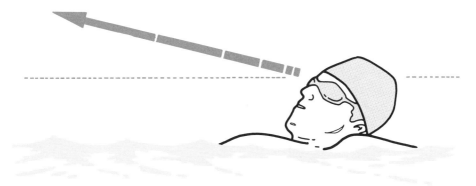

발은 크롤의 뒤집음이다

백의 킥은 상하관계와 반대로 되는 것뿐이며 크롤의 킥과 요령은 같다고 생각해도 좋다. 무릎 밑으로만 하지 말고 넓적다리를 축으로 발 전체를 사용하여 차올리고 차내린다. 등뜨기만으로는 아무리 해도 허리가 가라앉아 버리는 사람도 킥을 덧붙이면 허리가 뜬다. 부력을 얻어서 몸의 안정을 유지하기 위한 중요한 요소이다. 킥이 제대로 되지 않으면 몸이 뻗지 않고 스트로크가 안 된다는 점도 크롤과 같다.

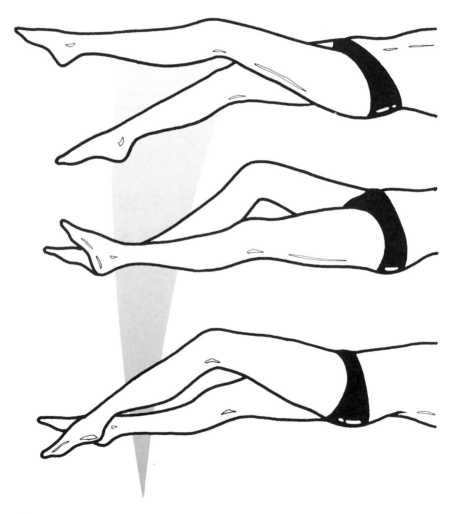

발목의 부드러움이 결정수가 된다

발 전체를 쓴다고 해도 실제의 동작은 상하동작에서 무릎이 가볍게 구부러지고 발등이나 발바닥으로 물을 민다. 이때 결정수가 되는 것은 발목의 부드러움이다. 유연하게 발목을 뻗고 힘을 유효하게 쓰는 것이다. 태권도의 돌려차기나 축구의 인스텝 킥과 같은 느낌이라고 생각하면 된다.

차올리기

차내리기

항상 뒤쪽으로 물을 미는 것이 중요하다.

발은 물에서 나오지 않는다

백의 킥이라도 많은 물보라는 좋지 않다. 크롤보다도 더욱 적은 편이 좋다. 발끝만이 상하동작의 리듬에 의해서 아주 적게 수면에 내고 다른 부분은 수면 아래에서 동작하도록 주의하자.

양귀를 끼워서 킥

　백의 킥에 맞추어서 양손을 앞쪽으로 뻗는 습관도 익혀 두자. 발돋음 하는 것 같은 느낌으로 양귀를 팔로 끼우듯이 손을 뻗고 킥만으로 전진한다. 손을 뻗으므로써 허리가 뜬 좋은 킥을 할 수 있게 된다.

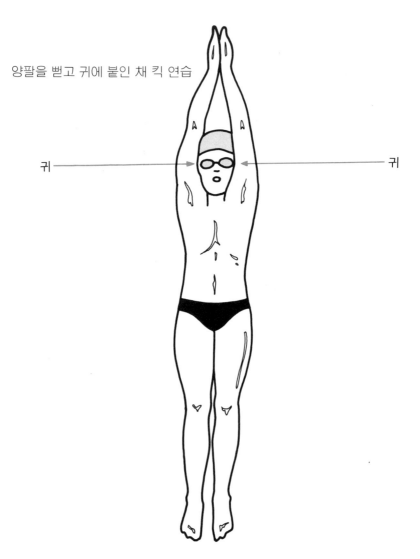

양팔을 뻗고 귀에 붙인 채 킥 연습

귀 　　　　　　　　　　　　　　　　　　　　　　　귀

손만 요가를 해 보자

 백의 자세로 양손을 끝까지 뻗어서 킥을 하는 것은 간단한 것 같지만 어렵다. 육상에서 발돋움의 지속이 피로해지는 것과 같은 것으로 알지 못하는 사이에 손이 벌어져 버린다. 이것을 방지하기 위해서는 손을 끼워 버리는 것이 손쉽다.

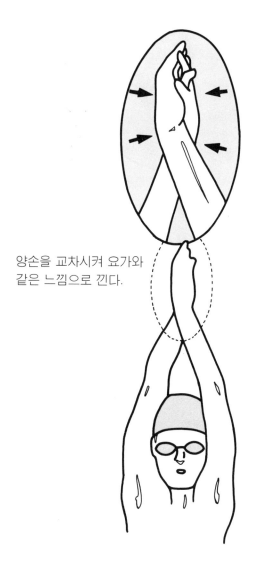

양손을 교차시켜 요가와
같은 느낌으로 낀다.

글라이드 스트로크를 해 보자

크롤의 연습에서 한 글라이드 스트로크를 백에서도 해 보자. 손을 손가락끝까지 쭉 뻗고 물방아처럼 빙빙 돌리면서 헤엄친다. 크롤의 경우는 엘보우 업으로 변하지만 백의 수면상의 손의 동작은 이 글라이드 스트로크와 똑같다고 생각해도 좋다. 즉, 단계적인 연습이 아니고 실제 영법의 연습에 가깝다는 것이다. 정확히 해 주기 바란다.

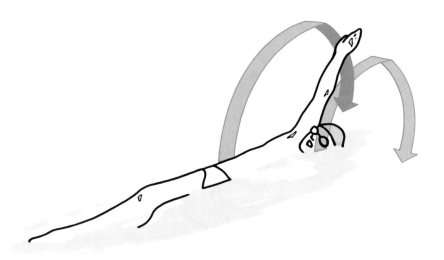

팔꿈치가 포인트

손을 뻗는 최대의 목적은 입수 때 팔꿈치를 똑바로 뻗을 수 있게 된다는 점에 있다. 아무리 양팔이 귀를 문질러도 그 끝의 팔꿈치가 구부려져 있어서는 아무것도 안 된다.

수면 위의 팔은 선수선서를 하듯이

백의 손동작은 한 손으로 번갈아 발돋움을 반복하고 있는 것과 같다. 물에서 나온 손을 뻗은 채 머리 위를 지나 최대한 뻗어서 입수한다.

후반에서 입수까지의 손의 상태는 자기가 볼 수는 없으나 전반이면 확인이 된다. 익숙해질 때까지 손이 언제나 선수선서를 하듯이 하하고 있는지를 체크하자.

손이 수면상에 나온 다음 선수 선서 스타일이 될 때까지의 팔의 뻗은 상태를 눈으로 추적한다.

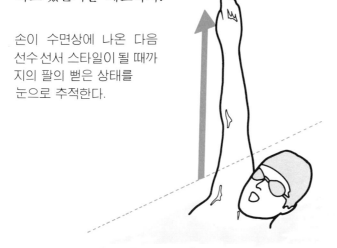

팔꿈치를 뻗으면 힘이 들어가지 않는다

백의 수면상에서 손의 동작은 글라이드 스트로크 그대로이다. 그러나 수중에서는 크롤과 같이 팔꿈치를 구부리지 않으면 추진력을 얻을 수 없다. 물방아로는 안 된다.

〈앞쪽에서〉 　　　　　　　　　　　〈뒤쪽에서〉

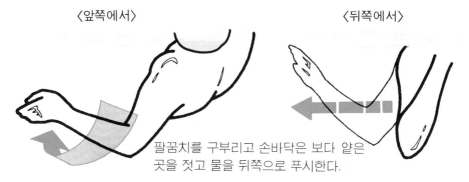

팔꿈치를 구부리고 손바닥은 보다 얕은 곳을 젓고 물을 뒤쪽으로 푸시한다.

새끼손가락 인, 엄지손가락 아웃

입수 때는 손가락을 밖으로 향해 새끼손가락부터(크롤과 반대이지
만 목적은 같음) 들어가고 넓적다리를 쓰다듬고 수면상에 나올 때는
엄지손가락부터라는 것이 올바른 방법이다.

새끼손가락에서 인

엄지손가락부터 아웃

좌우의 손은 항상 대각선

스트로크 중에 좌우의 손의 위치관계는 몸을 중심축으로 하여 항상
정반대의 장소에 있다고 생각하면 된다. 오른손이 입수했을 때 왼손은
물에서 나오고, 오른손이 물을 젓기 시작할 때 왼손은 수면 위에서
선수선서를 하는 듯한 관계이다.

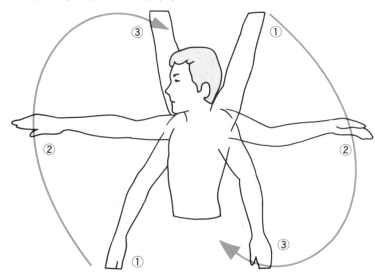

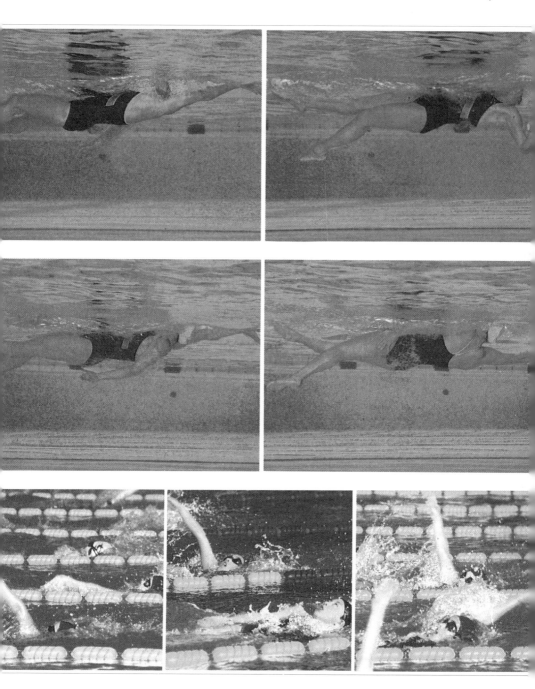

백도 6비트로 해 보자

 백의 손발의 리듬도 크롤과 같은 1스트로크(2핸드) 6비트이다.
즉, 좌우의 손이 1회씩 젓는 동안에 킥을 6회한다는 것이다. 한번 익혀
두면 스피드를 올려가도 리듬이 무너져 버리는 일은 없으므로 초심자
일 때 확실하게 익혀 두기 바란다. 갑자기 스피드를 내지 않고 천천히
올바른 동작으로 헤엄치는 연습을 계속하는 것이 중요하다.

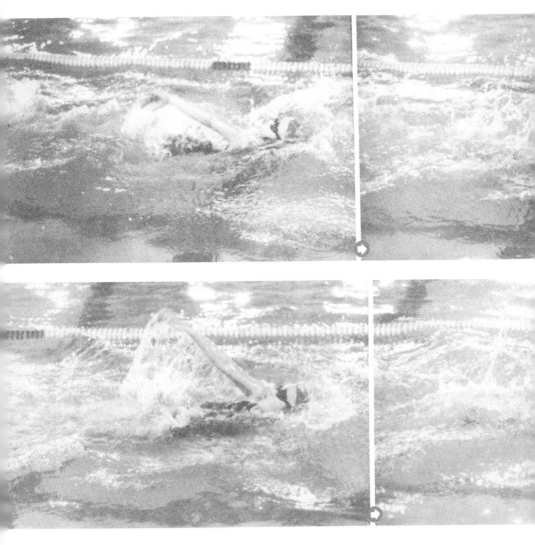

무시해서는 안 될 호흡의 리듬

  백의 경우는 얼굴이 항상 수면 위에 나와 있으므로 호흡은 아무때
나 해도 된다고 생각해서는 안 된다. 손이 높이 올라갔을 때를 기준으
로 하여 숨을 들이마시는 리듬을 만들도록 하자.
  손발의 동작에 호흡을 첨가해서 비로소 헤엄의 리듬이 완성된다고
생각하지 않으면 안 된다.

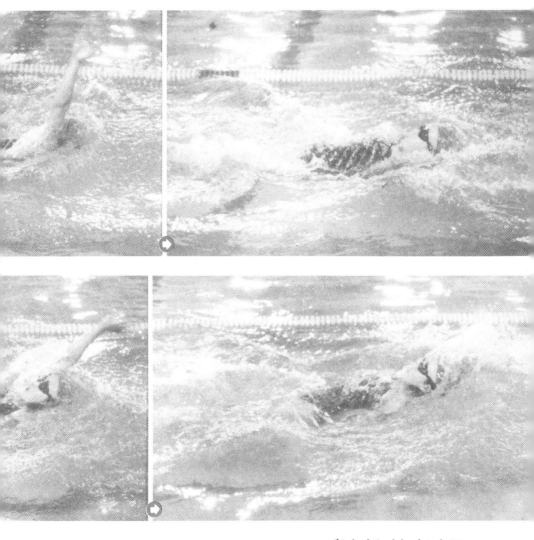

백의 체크 포인트

기본 레슨을 대강 한 다음은 자기 헤엄의 총체크에 들어간다. 중요한 포인트는 입수시의 팔꿈치의 뻗기, 몸의 뻗기, 그리고 낭비가 없는 킥, 진행방향이 벗어나든지, 리듬이 이상해지든지, 피로가 심해진다든지 하는 것도 주의 신호의 하나. 천천히 헤엄치면서 초조하게 굴지 말고 수정해 나가자.

① 발목은 뻗어 있는가

발목이 제대로 뻗어 있지 않으면 물보라만 이는 킥이 된다. 유연한 발목과 탄력이 포인트다.

② 구부정한 자세로 되어 있지 않은가

킥을 하고 있어도 허리가 가라앉아 버리는 상태는 좋지 않은 상태. 가라앉을 정도면 하나부터 다시 시작이다.

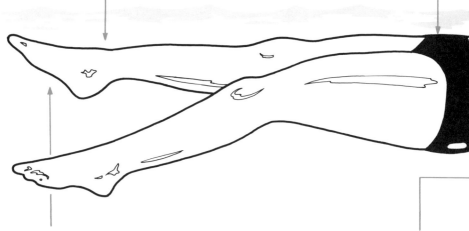

③ 수면에 발이 나와 있지 않은가

발끝만이 조금 수면에 나와 있는 킥이 가장 좋다. 정강이나 무릎을 수면 밖으로 내미는 킥은 초급이전이다.

④ 수중에서 손이 살아 있는가

수중에서는 팔꿈치를 조금 구부리고, 손바닥 전체로 물을 뒤쪽으로 푸시하는 느낌을 자기 것으로 하도록 한다. 팔꿈치보다 손목이 깊을 정도면 아직 미숙. 가장 힘이 나오는 포인트를 찾자.

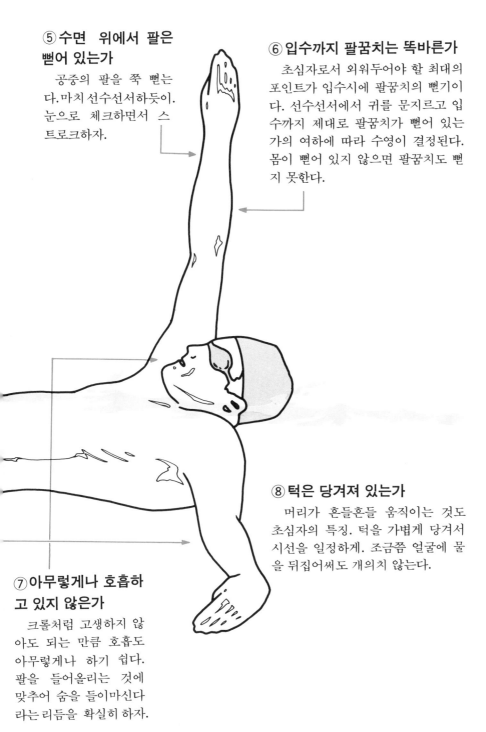

⑤ **수면 위에서 팔은 뻗어 있는가**

　공중의 팔을 쭉 뻗는다. 마치 선수선서하듯이. 눈으로 체크하면서 스트로크하자.

⑥ **입수까지 팔꿈치는 똑바른가**

　초심자로서 외워두어야 할 최대의 포인트가 입수시에 팔꿈치의 뻗기이다. 선수선서에서 귀를 문지르고 입수까지 제대로 팔꿈치가 뻗어 있는가의 여하에 따라 수영이 결정된다. 몸이 뻗어 있지 않으면 팔꿈치도 뻗지 못한다.

⑧ **턱은 당겨져 있는가**

　머리가 흔들흔들 움직이는 것도 초심자의 특징. 턱을 가볍게 당겨서 시선을 일정하게. 조금쯤 얼굴에 물을 뒤집어써도 개의치 않는다.

⑦ **아무렇게나 호흡하고 있지 않은가**

　크롤처럼 고생하지 않아도 되는 만큼 호흡도 아무렇게나 하기 쉽다. 팔을 들어올리는 것에 맞추어 숨을 들이마신다 라는 리듬을 확실히 하자.

④ 브레스트(평영)

우선 개구리헤엄에서 빠져 나가자

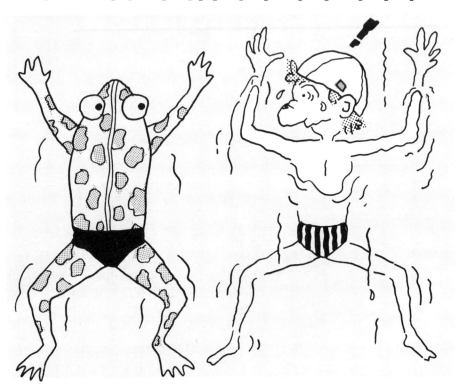

　브레스트를 시작하기 전에 명심해 두어야 할 일이 있다. 그것은 제대로 수영을 배운 일이 없는 사람이 자기류로 하는 평영과 본격적인 브레스트와는 전혀 비슷하면서도 다르다는 것이다.

　일반적인 평영은 손발을 막연하게 옆으로 벌리는 개구리와 같은 영법인데 이것으로는 부력을 얻을 수는 있어도 강한 추진력은 도저히 나오지 않는다. 올바른 브레스트의 손발 동작은 퍽 복잡하고 어려운 기술을 필요로 하는 것이다.『평영은 개구리와 같은 스타일』이라는 잘못된 선입관을 버리는 것이 선결문제이다. 자기류 영법은 실력향상에 방해가 될 뿐이기 때문이다.

기본자세는 크롤과 같다

뜻밖이라고 생각할지 모르지만 브레스트의 기본자세는 크롤과 똑같다. 엎드려뜨기로 손발이 똑바로 뻗은 상태. 브레스트에서는 발을 차서 뻗은 순간(손은 젓기 시작하기 직전)에 이 자세가 된다. 실력이 향상되면 차차 알게 되지만 수영 전체의 리듬을 좌우하는 중요한 자세가 이것이다.

이 자세가 스무드한 전진의 포인트가 된다.

좌우대칭과 하모니가 결정수

크롤과 백의 경우는 손발이 함께 좌우의 위치관계가 정반대가 되는 동작이었다. 이것에 대해서 브레스트는 손도 발도 좌우의 동작이 몸을 축으로 하여 대칭이 된다. 실은 이 좌우대칭이 간단한 것 같지만 대단히 어렵다. 걷고 달리는 것 등으로 좌우 번갈아 하는 것에 익숙해 있으므로 대칭이 되면 하모니가 잘 되지 않는다.

브레스트에서는 발이 주역

브레스트에서는 킥이 주요 엔진이 되지만 그 동작은 상당히 연습을 쌓은 사람도 잘 할 수 없을 정도로 어렵다. 초심자는 우선 다음 두 가지 점에만 주의해서 연습하면 될 것이다.

첫째는 발을 끌어당길 때이다. 자기류의 개구리헤엄에서는 가랑이를 크게 벌린 채 끌어당기는데, 이래서는 안 된다. 양무릎의 간격을 너무 두지 말고 발을 끌어당기도록 하면 좋다. 발뒤꿈치가 허리에 붙는 것 같은 느낌이다. 둘째는 찰 때이다. 어느 정도 좌우로 벌어지는 것은 어쩔 수 없지만 될 수 있는 한 그 간격을 좁혀서 마지막에는 양발바닥을 모으는 듯한 기분으로 가지런하게 뻗는다.

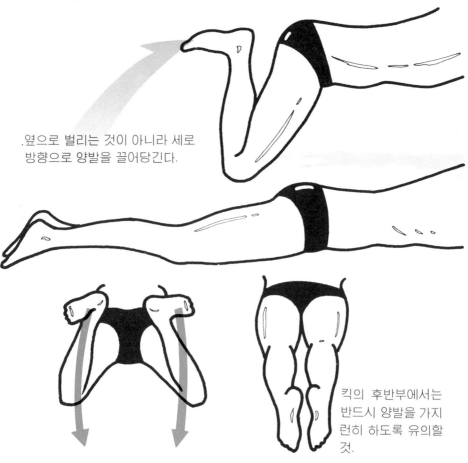

옆으로 벌리는 것이 아니라 세로 방향으로 양발을 끌어당긴다.

킥의 후반부에서는 반드시 양발을 가지런히 하도록 유의할 것.

가랑이를 크게 벌리는 것은 불합격!

가랑이를 너무 벌리지 말고, 발을 끌어당기는 동작은 어깨넓이 정도로 발을 벌려서 서고 그대로 주저앉는 것 같은 느낌이 된다. 물론 무릎의 간격은 어깨넓이로 서 있을 때 그대로이다.

무릎에서 당기면 제동이 걸린다

발을 당길 때에는 무릎을 끌어당기면 된다고 생각하기 쉽지만 이것은 잘못된 것이다. 분명히 무릎에서 당기면 힘도 넣기 쉽고 동작도 빠르다. 그러나 그렇게 해서는 넓적다리로 물을 앞으로 푸시하게 되어 수영에 제동이 걸리게 되는 것이다.

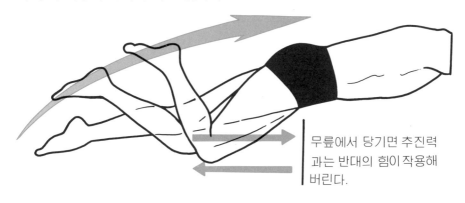

무릎에서 당기면 추진력과는 반대의 힘이 작용해 버린다.

손은 어깨에서 앞으로 움직인다

손의 스트로크도 상당히 특수한 동작이다. 손을 똑바로 앞쪽으로 뻗고 좌우로 물을 나누어 젓기 시작하는 데까지는 자기류의 평영과 같지만 여기서부터 앞이 다르다.

손을 벌리는 것은 좌우 다함께 얼굴의 연장선부터 45°정도의 곳에서 멈추고 거기서 팔꿈치를 굽혀 뒤쪽으로 물을 푸시, 어깨선 부근에서 푸시를 끝내는 것과 동시에 겨드랑이를 조이고, 양손은 가슴 아래를 껴안는 것처럼 하면서 곧 다음 스트로크로 옮겨 간다. 처음에는 손을 벌린 채 뒤쪽까지 가져가지 않는다는 점에 주의하자.

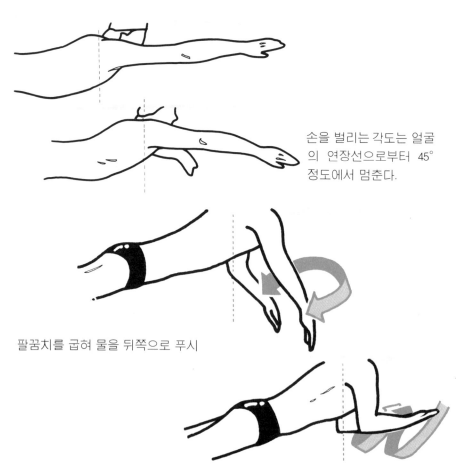

손을 벌리는 각도는 얼굴의 연장선으로부터 45° 정도에서 멈춘다.

팔꿈치를 굽혀 물을 뒤쪽으로 푸시

물을 양손으로 안는 듯한 느낌으로

브레스트의 스트로크에서 중요한 포인트는 물을 손바닥으로 껴안으면서 가슴까지 가져오는 것이다. 이때 팔꿈치는 90°정도, 손목은 안쪽으로 구부려서 물을 안는 듯이 한다.

물을 끌어안고 힘을 발휘한다

팔꿈치는 구부리는 것도 중요하지만 그 위치도 큰 포인트가 된다. 특히 물을 끌어안으면서 푸시할 때가 문제. 팔꿈치의 각도가 90°정도까지 구부려지는 과정에서 항상 팔꿈치의 위치를 손목보다 높게 유지해 두는 것이 요령이다.

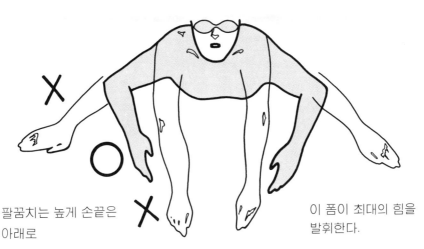

팔꿈치는 높게 손끝은 아래로

이 폼이 최대의 힘을 발휘한다.

천천히 확실하게 헤엄쳐 보자

브레스트의 손과 발의 관계는 1스트로크 1킥이므로 단순하다. 그러나 단순 = 간단이라는 것은 아니다. 크롤이나 백과는 달라 모든 동작을 수중에서 구사하므로 서투른 방법을 하면 추진력과 반대방향으로 힘이 가해져 버린다(손을 뻗을 때나 발을 당길 때). 스트로크의 종료와 동시에 발을 당기고 손을 앞으로 뻗을 때에 킥. 이 리듬을 천천히 헤엄쳐서 확인하자.

스트로크마다 호흡은 리듬을 준다

호흡은 1스트로크마다 1회를 행한다. 스트로크의 후반에 들이마시고 그 다음은 곧 팔을 뻗어가는 동시에 조금씩 숨을 내뱉아 가는 것이 호흡의 타이밍이다.

주의해야 할 것은 얼굴을 붙였을 때 손을 앞으로 뻗는 것에 끌려서 머리를 낮게 하지 말 것. 머리 꼭대기까지 수몰하면 영법 위반이 되어 버리는 것이다.

브레스트의 체크 포인트

브레스트는 고난도의 수영이므로 초심자의 경우는 잘 안 되는 것이 많이 있는데 그것은 당연지사. 초조하게 굴지 말고 연습을 계속하기 바란다. 기본 연습으로는 양발의 벌리는 각도, 팔꿈치의 높이, 브레스 등을 중점적으로 체크함으로써 개구리헤엄에서 빠져 나오는 것이 목표이다.

① 좌우의 손발은 대칭인가

좌우의 손발이 대칭적으로 동작하지 않으면 브레스트는 성립되지 않는다. 특히 발의 흐트러짐에 주의하자.

② 허리는 가라앉아 있지 않은가

몸 전체가 뻗었을 때는 물론이지만 발을 끌어당겼을 때 허리의 가라앉음에도 요 주의. 피로해지면 입영 비슷하게 된다.

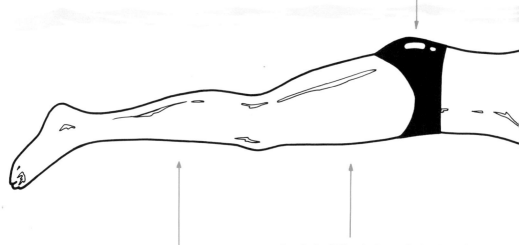

④ 가랑이를 벌리고 있지 않은가

가장 중요한 체크 포인트. 발을 끌어당길 때 가로가 아니고 세로로 당기는 것에 신경을 집중하자.

③ 킥의 종료 때는 똑바로 뻗어 있는가

킥은 좌우로 크게 벌리지 말고 종료는 발바닥을 모으는 듯이 발끝을 가지런히 하는 것이 정답.

⑤ 머리는 수몰되어 있지 않은가

제대로 된 브레스트는 숨을 들이 마실 때에만 얼굴을 내는 것이 철칙 (항상 얼굴을 들고 있으면 몸이 눕지 않는다.)이지만 머리를 너무 가라앉혀 수면 아래에 숨어 버리면 실격이 된다.

⑥ 수중에서도 팔꿈치는 가라앉아 있지 않은가

크롤이 엘보우 업이면 브레스트는 스트로크의 어디에서 팔꿈치를 구부리기 시작하는가가 결정수. 팔꿈치를 90°정도로 구부리고 항상 유효한 힘을 낼 수 있는 상태로 해 둘 것.

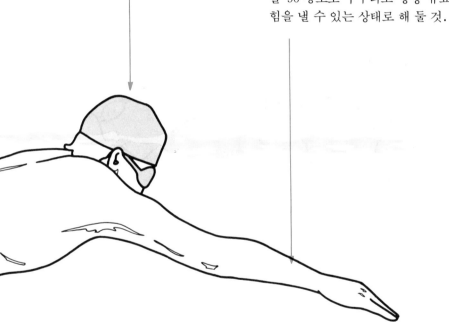

⑦ 어깨 앞에서 팔꿈치를 구부리고 있는가

앞으로 뻗어서 물을 좌우로 젓기 시작한 손은 곧 팔꿈치를 구부려서 물을 껴안는 것 같은 스타일로 하는 것이 중요. 쓸데없이 뒤까지 손을 흘리지 말고 재빨리 팔꿈치를 구부려서 힘을 내는 것이다.

⑧ 매회 때마다 제대로 호흡을 할 수 있는가

1스트로크에 1브레스. 1회씩 정확하게 호흡할 수 있도록 하기 바란다. 계기는 양손의 동작이다.

⑤ 버터플라이(접영)

돌고래의 헤엄이 이상적

버터플라이(접영)는 초심자에게는 가장 어려운 영법이며 정확한 기술을 이해하지 않는 한, 보고 흉내내는 것으로는 절대로 할 수 없다. 그 이유는 크롤 등 다른 영법은 수중을 직선적으로 나아가는 것이 전제조건으로 짜여져 있는 것에 대해 버터플라이는 어느 정도 몸의 상하동작을 잘 구사하여 수중을 파도치는 것처럼 나아가는 것을 목표로 삼고 있기 때문이다. 다른 영법이 배의 움직임이라고 한다면 버터플라이의 이상은 돌고래의 동작인 것이다. 이 차이점을 잊지 말고 연습을 하기 바란다.

느긋하게 수면에 떠 보자

기본자세는 엎드려뜨기이지만 크롤이나 브레스트와 같이 똑바로 몸을 뻗는 것에 너무 구애될 필요는 없다. 탄력있는 고무 막대기가 조금 희롱거리며 떠있다라는 이미지로 좋은 것이다. 몸이 물결치는데 따라서 전진함으로, 근육을 긴장시켜 뜨는 것은 역효과일 뿐이다.

느긋하게 뜰 수 있게 되면 다음은 허리만을
조금 아래 위로 움직여 보자. 그것이 안 된다
면 너무 긴장한 탓이다.

다른 영법과의 차이는 허리에 있다

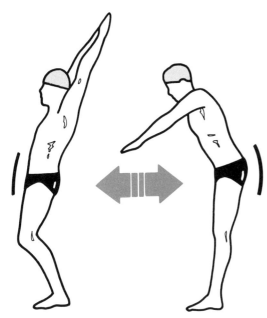

왼쪽 그림과 같이 무릎을 구부려서 허리를 앞으로 내밀고 양손을 높이 치켜든 자세에서 양손을 앞으로 내리고 동시에 허리를 뒤로 당겨서 무릎을 뻗어 보자.

이 동작이 버터플라이의 기본 동작이다. 다른 영법과 가장 다른점은 양손을 치켜들었을 때와 내렸을 때의 허리의 위치가 상하의 움직임이 되는 것이다. 주목하고 싶은 것은 이 포인트인 것이다.

돌핀 킥을 배우자

버터플라이의 킥은 돌고래나 고래의 꼬리지느러미와 같은 동작을 하는 돌핀 킥이다. 크롤의 물장구는 양발을 붙여서 크게 한다고 생각해도 좋지만 포인트는 어디까지나 허리. 허리의 동작으로 발을 흔든다고 이해하는 것이 옳다. 양발 끝을 가볍게 맞닿게 하는 것 같은 느낌으로 가지런히 하고 먼저 허리를 조금 가라앉히는 반동으로 무릎을 구부려서 발을 든다. 계속 허리를 물 위로 내미는 것처럼 하면서 발을 차내린다.

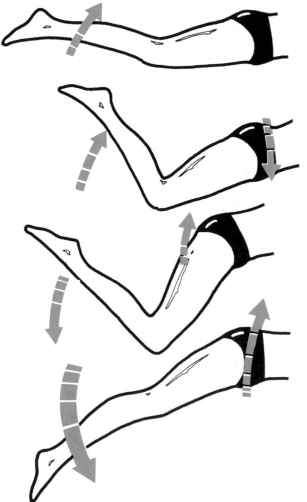

허리가 내려가기 시작하는 동시에 무릎을 구부려 발끝을 수면 가까이에.

발목을 단단히 뻗고 발등으로 물을 킥할 수 있는 자세로 만든다.

허리를 들고 그 반동으로 양발을 차내린다.

킥 종료. 허리는 수면에 도달하고 양발의 무릎은 뻗어있다.

의식하여 히프 업하지 않으면 불가

풀 사이드에 양손을 걸치고 돌핀 킥을 연습해 보자. 우선 허리의 상하동작만 그 리듬을 파악하게 되면 무릎에서 아래의 동작을 첨가해도 좋다. 처음부터 올바른 킥을 하려고 해도 무리. 의식적으로 히프 업하여 그 동작을 발에 전한다라는 요령을 배우는 것이 선결문제이다.

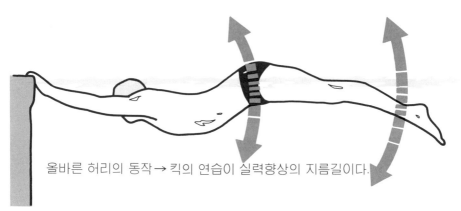

올바른 허리의 동작→ 킥의 연습이 실력향상의 지름길이다.

엉덩이를 수면 위로 내민다

풀 사이드에서 물장구를 할 수 있게 되면 다음은 돌핀 킥만으로 전진하는 연습이다(비트판을 사용해도 좋다). 주의점은 발을 들 때 발이 크게 수면에서 나오지 않도록 할 것과 킥에서는 반대로 엉덩이를 수면 수면 위로 내밀도록 하는 것이다.

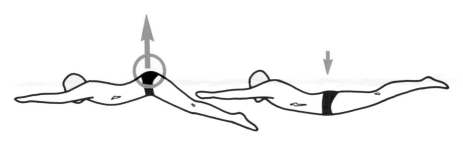

풀 사이드에서 보아 엉덩이가 수면
위로 얼굴을 내밀고 있으면 좋다.

양손으로 크롤을 한다고 생각하라

버터플라이의 스트로크는 킥과 마찬가지로 좌우 동시에 하는 것인데, 입수에서부터 수중에서까지 팔꿈치를 구부려서 물을 뒤쪽으로 푸시하고 넓적다리의 곁을 비비는 것처럼 손을 수면으로 빼는 동작, 그자체는 크롤과 대단히 비슷하다. 즉, 크롤의 스트로크를 양손으로 한번에 해 버린다고 생각하면 되는 것이다.

포인트는 입수시에 양손을 단단히 앞으로 뻗을 것. 특히 초심자일 때에는 입수시에 손의 뻗기와 허리의 상하동작이 잘못되기 쉽고 스트로크가 계속 되지 않는 경우가 많다.

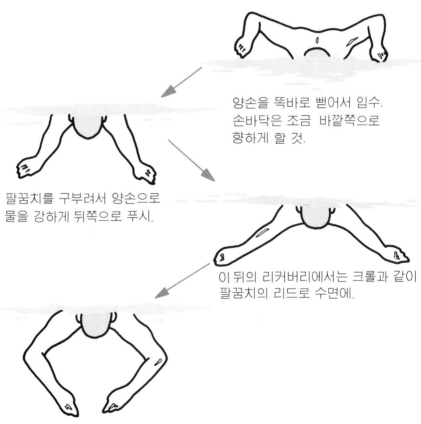

양손을 똑바로 뻗어서 입수.
손바닥은 조금 바깥쪽으로
향하게 할 것.

팔꿈치를 구부려서 양손으로
물을 강하게 뒤쪽으로 푸시.

이 뒤의 리커버리에서는 크롤과 같이
팔꿈치의 리드로 수면에.

브레스트와 마찬가지로 수중에서는
손보다 팔꿈치를 높게 유지.

위가 아니고 앞으로 나아간다

상체는 손이 입수한 순간에 가장 깊게 가라앉고 양손으로 물을 푸시하는 힘으로 점차 수면에 나온다. 이때 물을 아래로 향해서 지나치게 푸시하면 위를 향한 힘이 작용해서 상체가 서 버린다. 물을 뒤쪽으로 푸시해서 상체를 비스듬히 앞쪽으로 떠오르도록 한다.

머리는 손의 힘으로 발사한다

호흡은 브레스트와 같이 앞쪽으로 얼굴을 들어서 숨을 들이마시는 스타일이 된다(룰상에는 옆을 향해도 OK). 타이밍은 스트로크의 후반. 즉 상체가 가장 많이 수면 위에 나왔을 때 얼굴을 들고 숨을 들이마신다.

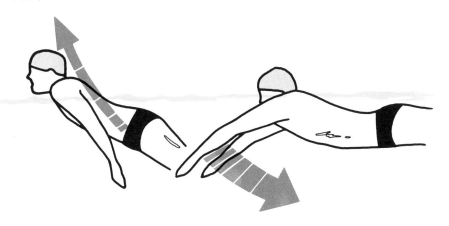

허리의 리듬으로 수영한다

　버터플라이 수영의 리듬은 1스트로크 2비트가 기본. 즉, 양손으로 1회 물을 젓는 동안에 킥을 2회 한다는 방법이다. 타이밍은 양손의 입수 시에 1회 킥하고 양손의 푸시가 끝날 때에 두 번째의 킥을 하는 것이 원칙. 타이밍이 빗나가 버리면 전혀 헤엄칠 수 없다고 말해도 좋을 정도이므로 허리의 동작을 주로하여 리드미컬한 수영을 익히자.

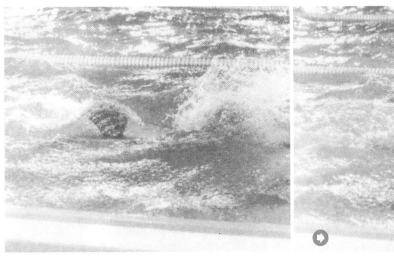

목을 물 위로 내지 말라

스트로크의 후반, 얼굴을 앞으로 내밀고 숨을 들이마신다고 썼지만 이때 주의하지 않으면 안 될 일이 하나 있다. 목은 절대로 수면에서 내지 말라는 것이다. 목이 완전하게 수면에서 나오는 것은 불필요한 상하 동작으로 파워를 상실하고 있는 증거인 것이다.

버터플라이의 체크 포인트

중요한 것은 손과 허리와 발의 타이밍. 발과 허리는 문제없는데 손을 더하면 바로 그 순간에 리듬이 무너진다는 사람이 많으므로 한 손만의 스트로크로 타이밍을 잡는 연습을 하는 것도 좋은 방법이다.

스피드는 천천히 해도 좋으므로 양손을 쑥 뻗고 힙 업이 되는 수영으로 25m를 목표로 해 보자.

① 장딴지가 수면에 나와 있지 않은가

장딴지가 수면에 나오지 않도록 할 것. 양발의 동작은 크지만 모두 수면아래의 동작이 원칙이다.

② 입수 때 손은 똑바로인가

어깨넓이 이상으로, 입수 때의 손이 벌어지지 않도록 주의. 팔꿈치가 내려가면 잘 안 되므로 크롤의 엘보우 업을 하는 셈으로 노력하자.

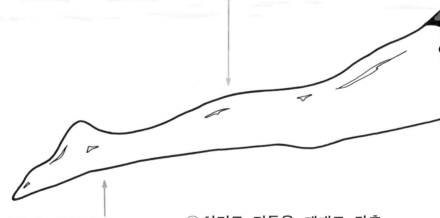

③ 발목이 구부려져 있지 않은가

발목을 뻗어서 발등으로 물을 치는 것은 크롤이나 백도같다. 발목이 구부러지면 좋은 킥은 할 수 없다.

④ 허리로 리듬을 제대로 맞추고 있는가

초심자일 때부터 확실히 익혀둬야 할 것이 허리의 상하동작이다. 발을 차내릴 때 의식적으로 허리를 들어 그 반동으로 킥을 하도록 하자.

⑤ 엉덩이가 수면 위로 나와 있는가

허리가 상하로 잘 움직이고 있는가를 살피는 데는 엉덩이가 킥의 리듬에 맞추어서 수면에 얼굴을 내는지 어떤지를 확인하는 것이 손쉽다.

⑥ 목은 수면에서 나와 있지 않은가

호흡할 때에는 얼굴을 앞쪽으로 내민다. 그러나 목은 수면 아래에 남긴다.

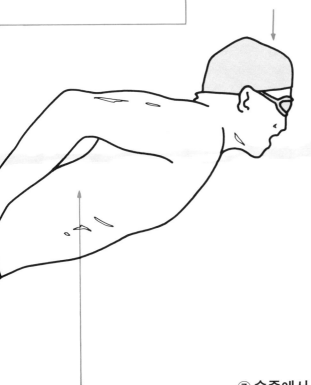

⑦ 수중에서 팔꿈치를 구부리고 있는가

수중에서 양손의 동작은 크롤의 스트로크와 거의 같다. 입수하면 확실하게 팔꿈치를 구부려서 물을 푸시. 입수의 힘으로 아래를 향해 푸시하면 상체가 일어서 버리므로 주의하자.

6 횡영

무시할 수 없는 스피드가 나온다

횡영이라고 하면 낡은 이미지여서 그런지 열심히 연습하려고 하는 사람이 적지만 크롤을 할 수 있을 때까지는 경기에서 쓰고 있는 사람도 있다. 실력이 향상되면 그저 그런 정도의 스피드로 헤엄칠 수 있다. 거기에 인명 구조에는 없어서는 안 될 영법이므로 수영 코치의 자격조건에도 첨가되어 있다. 무엇보다도 호흡이 수월하게 되어서 피로가 적다는 점이 장거리를 헤엄치는 데는 안성맞춤. 레이스에는 쓸 수 없으나 초심자일 때에는 꼭 마스터해 두고 싶은 영법이다.

당기고 나서 단숨에 가위차기

횡영의 킥은 "가위차기"라는 스타일로 추진력의 태반을 만들어 내고 있다. 아래 그림과 같이 수면에 옆으로 누운 자세(좌우 어느 쪽이 아래가 되어도 좋다)에서 윗발을 앞으로, 아랫발은 뒤로 구보의 공중 자세와 같은 모양으로 벌리고, 닫을 때에 물을 차서 전진하는 것이다.

포인트는 천천히 벌리고 닫을 때는 발돋움하는 것 같은 느낌으로 스피디하게 양발을 합칠 것. 발을 벌릴 때에 힘을 넣으면 반대 방향에로의 추진력이 작용해 버리므로 주의가 필요하다.

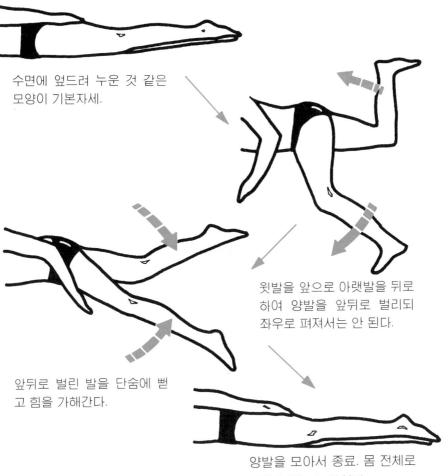

수면에 엎드려 누운 것 같은 모양이 기본자세.

윗발을 앞으로 아랫발을 뒤로 하여 양발을 앞뒤로 벌리되 좌우로 펴져서는 안 된다.

앞뒤로 벌린 발을 단숨에 뻗고 힘을 가해간다.

양발을 모아서 종료. 몸 전체로 발돋움하는 느낌이다.

손은 보조 엔진과 키의 역할

손은 아랫손을 앞으로 펴고 윗손은 몸에 따르게 뒤로 뻗은 모양이 기본형이 된다. 이 상태에서 발의 벌림에 맞추어 가슴 앞에서 양손을 가지런히하여 발을 닫는 동시에 아랫손은 앞쪽으로, 윗손은 뒤쪽으로 물을 푸시한다. 대단한 추진력은 안 되지만 부력과 방향을 정하는 키의 역할을 하고 있다고 말할 수 있다. 포인트는 앞으로 펴는 아랫손을 똑바로 진행방향으로 낼 것과 앞으로 펴고 있는 동안에 수면으로 내지 말 것.

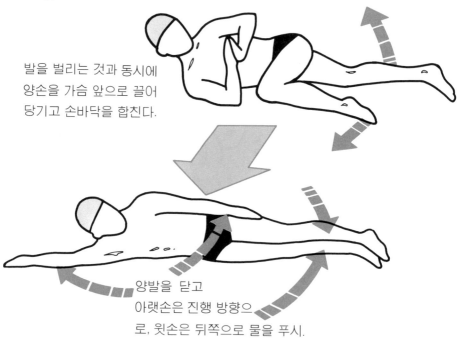

발을 벌리는 것과 동시에 양손을 가슴 앞으로 끌어 당기고 손바닥을 합친다.

양발을 닫고 아랫손은 진행 방향으로, 윗손은 뒤쪽으로 물을 푸시.

타이밍은 브레스트와 같다

타이밍은 1스트로크 1비트. 발로 다 차 버렸을 때에 손이 가장 뻗은 상태가 되고 전진에 알맞는 상태를 만드는 점에서는 브레스트의 타이밍과 비슷하다. 간단한 것 같지만 초심자는 발의 벌림이 몸축보다 앞쪽으로 기울어져 버린든지, 몸이 엎드려 버린든지 하는 경우가 많다(변형의 브레스트처럼 되어 버린다).

뒤의 발이 포인트

횡영은 앞뒤의 발로 물을 잡는 부분이 다르다. 앞으로 벌리는 윗발은 발목을 구부려찰 때는 발바닥으로 물을 뒤로 민다. 아랫발은 발목을 뻗고 발등으로 물을 잡는 것이다. 양발로 물을 끼우는 것처럼 가지런히 할 때 피크가 되는 것이 좋다.

발을 벌리는 각도에도 요 주의.

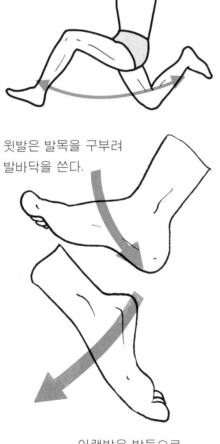

윗발은 발목을 구부려
발바닥을 쓴다.

아랫발은 발등으로
킥할 수 있도록.

1회로 길게 전진

　다른 영법은 실력이 늘면 스트로크나 킥이 빨라지는데, 횡영만은 예외, 될 수 있는 대로 느긋하게 1스트로크 1비트마다 몸을 쉬는(기본자세로 전진하고 있다) 것 같은 수영이 이상적이다. 하나ー, 두ー울이라는 리듬을 자기 것이 되도록 한다.

7 입영

입영. 글자 그대로 수면 위에 얼굴을 내고 똑바른 자세를 유지하는 영법이다. 추진력은 필요없으므로 요구되는 것은 부력을 벌기 위한 손발의 동작이 된다. 여기까지의 연습으로 일단 영법을 마스터하면 연습하지 않아도 되겠지만 문제는 어떻게 최소한의 힘으로 할 수 있는가 하는 것.

가위차기에 의한 방법

횡영의 가위차기와 같은 킥. 너무 크게 하면 물을 찰 때마다 몸이 떠올라(그 반동으로 다음 순간 가라앉는다) 버리므로 조금씩 가볍게 하는 것이 좋다. 몸의 상하동작이 아무리해도 나와 버리는 경우는 손을 좌우로 벌리고 손바닥을 아래로 해서 물을 누르고 부력을 보충하는 방법을 택한다.

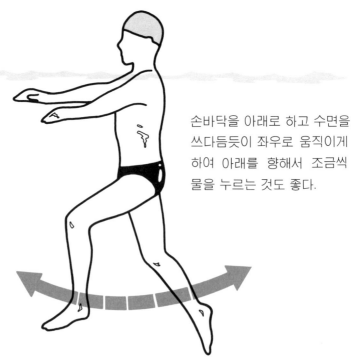

손바닥을 아래로 하고 수면을 쓰다듬듯이 좌우로 움직이게 하여 아래를 향해서 조금씩 물을 누르는 것도 좋다.

휘돌리기에 의한 방법

　입영 중에서는 가장 하이 테크닉을 필요로 하는 영법. 그런 만큼 안정성도 가장 높다. 방법은 수중에서의 제자리걸음에 원의 동작을 보태는 형태가 된다. 즉, 발을 번갈아 밟아 내릴 때에 발바닥으로 원을 그리는 것처럼 하면서 물을 아래로 푸시하는 것이다.

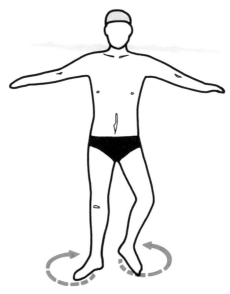

제자리걸음 + 원운동

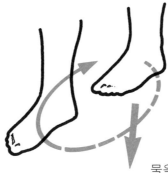

물을 아래로 푸시.

물 밟기에 의한 방법

가장 간단한 입영. 초심자가 자기류로 입영을 하면 대체로 이 "물밟기"가 된다. 발은 몸의 바로 밑이 아니고 약간 뒤쪽에 밟아 내리므로 수중에서 제자리걸음을 한다고 하기보다 무릎을 높게 올려 발끝을 세워서 걷고 있는 듯한 스타일이라고 말할 수 있다.

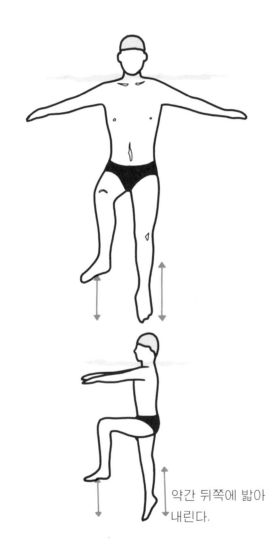

약간 뒤쪽에 밟아 내린다.

원 포인트 어드바이스 ─ 수영중의 사고와 응급처치

발에 경련이 일면

준비운동의 부족이나 과도의 운동량이 원인이 되어 수영중에 근육이 경련을 일으키는 일은 흔히 나타난다. "종아리에 나는 쥐"가 그 것이다. 경련이 일어나면 당황하지 않는 것이 선결문제. 경련. 그 자체보다도 당황해서 물에 빠져 버리는 것이다. 침착하게 그 부분의 근육을 펴는 방법을 생각한다. 장딴지의 쥐라면 그림과 같이 발목을 끌어당기고 마사지를 하면 괜찮다.

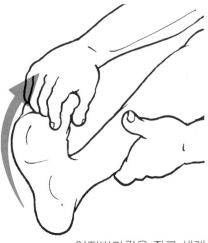

엄지발가락을 쥐고 세게 당긴다.

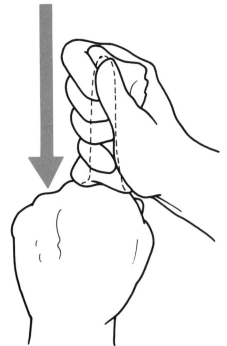

손가락을 삐었을 때

바다에서는 적지만 풀이면 벽이나 사람에 부딪치든지 해서 손가락을 삘 경우가 많다. 옛날부터 손가락이 삐면 그 손가락을 힘껏 잡아당기라고 했는데 지금도 그것을 믿고 있는 사람이 있는데 그것은 전혀 반대이다. 잡아당기지 말고 환부를 차게 하면서 그 손가락을 밑둥 쪽으로 똑바로 누르는 것이 손가락을 삐었을 때의 올바른 처치 방법이다.

물에 빠졌을 때

물에 빠져 있는 사람을 구하는 데는 그 사람의 턱에 한 손을 걸치고 자기몸에서 조금 떨어지게 하면서 뒤로 젖혀 위로 보게 하여 안전한 장소까지 옮겨오는 것이 가장 좋은 방법이다.

가능한 한 빨리,
우선 인공호흡.

빈혈을 일으키면

수영중에 빈혈을 일으키면 곧 육지로 올라와서 머리를 낮게 하여 안정시키는 것이 제일이다. 모포 등으로 몸을 덮어주는 것도 좋다.

과로나 공복시 또는 만복시에는 수영을 피한다는 사전의 마음가짐도 잊지 말도록. 수영을 하기로 되어 있을 경우는 적어도 1시간 전에 식사를 끝내 놓도록 하자.

발은 높게

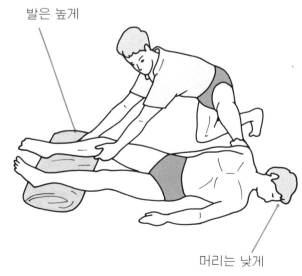

머리는 낮게

인공호흡과 심장 마사지

상대가 물에 빠져 의식이 없을 경우는 우선 목을 뒤로 젖히고 턱을 들어서 기도를 확보하는 것이 제일. 그런 다음 인공호흡을 하고 심장 마사지를 한다. 인공호흡을 확실하게 하기 위해서는 직접 입에 숨을 불어넣는 마우스 투 마우스(mouth to mouth)가 좋다. 가슴이 부풀어 오르는 것이 확인되면 자연스럽게 숨을 내뱉게 한다.

심장 마사지는 가슴뼈의 하반부에 손 밑둥을 대고 팔꿈치를 뻗어서 자기의 체중을 실어간다.

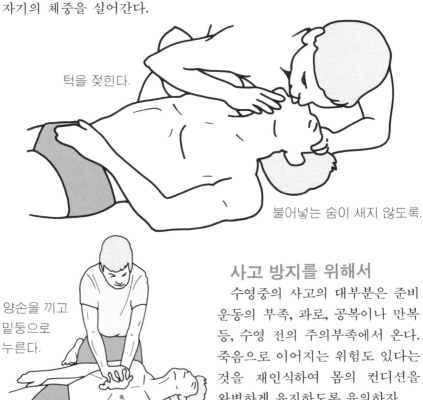

턱을 젖힌다.

불어넣는 숨이 새지 않도록.

양손을 끼고 밑둥으로 누른다.

가슴뼈의 절반보다 약간 아래

사고 방지를 위해서

수영중의 사고의 대부분은 준비 운동의 부족, 과로, 공복이나 만복 등, 수영 전의 주의부족에서 온다. 죽음으로 이어지는 위험도 있다는 것을 재인식하여 몸의 컨디션을 완벽하게 유지하도록 유의하자.

물론 음주 후의 수영은 당치도 않은 일이며 내장에 질병이 있는 사람은 의사의 지시를 받아 그것에 따르도록 하기 바란다.

제 2 장
실전 기술 마스터

기초 레슨으로 어느 정도
수영에 자신이 있게 되면
호흡도 좌우 번갈아하고 손가락끝이
입수할 때까지 눈으로
쫓으면서
스트로크하는 것이 요령이다.

솜씨가 뛰어나다라는 말을 듣고 싶다

거리를 길게 하는 것을 생각하라.

기본 레슨에 의해서 일단 헤엄칠 수 있게 된다는 것은 육상경기에 비유하면 가볍게 조깅을 할 수 있는 레벨과 같다. 속도나 거리를 올리기 위한 스타트 라인에 겨우 도달했다는 것이다. 그래서 지금부터의 레슨은 거리를 길게 하는 것에 주안을 두고 연습하기 바란다. 수영의 본래 목적은 A점에서 B점으로라는 "거리"에 있고 100m는 굉장히 빠르지만 그 이상 헤엄칠 수 없다라는 스위머는 존재하지 않기 때문이다. 거리를 길게 하기 위해서 합리적인 수영을 하고 있으면 속도도 자연히 갖추어지게 되는 것이다.

아름다운 수영을 지향하자

거리를 길게 하기 위해서 목표로 삼고 싶은 것은 힘으로 하는 수영보다도 아름다운 수영이다. 아름다운 폼이라고 해도 좋다. 톱 스위머는 별개로 하고 초심자 수준이면 "거칠지만 빠르다"라고 하는 것보다 "느리지만 모양새만은 좋다"라는 수영을 지향하자. 즉, 힘보다는 기술이다.

파워를 낭비하지 말라

배팅이면 미트, 복싱이면 펀치의 히트하는 순간. 필요할 때 힘을 집중하고, 쓸데없는 힘은 쓰지 않는다는 이론은 수영에도 꼭 들어맞는다.
상세한 포인트는 각 영법에 따라서 다르지만 기본적으로는 수면 위에서 힘을 빼고 수면 아래에서 힘을 내는 것이 대전제가 된다. 다음 페이지부터의 레슨은 이것을 염두에 두고 읽어 주기 바란다.

① 크롤

몸에 익숙해지기 쉽고 가장 스피드가 나는 영법이다. 그러나 익숙해지기 쉬운 만큼 자기류가 되기 쉽다. 효율 좋은 동작을 마스터하자.

당신은 손만으로 수영할 수 있는가

기초 레슨으로 어느 정도 헤엄칠 수 있게 되면 손의 스트로크만으로 헤엄쳐 보자. 킥의 도움으로 알지 못했던 손의 약점이 보이게 될 것이다. 예를 들면 엘보우 업이 정확히 되어 있지 않으면 몸이 좌우로 크게 롤링한다라는 상태이다. 호흡도 좌우 번갈아하고 손가락끝이 입수할 때까지 눈으로 쫓으면서 스트로크하는 것이 요령. 손만으로 헤엄칠 수 있게 되기를 바란다.

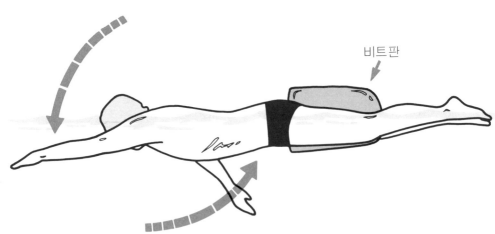

비트 판

스트로크만으로 헤엄칠 때는 비트 판을
양발 사이에 끼워 부력을 붙이면 좋다.

탈력 포인트는 이 4곳이다

어디서 어느 부분의 힘을 빼면 좋은가. 크롤의 탈력 포인트를 배우자. 스트로크에서는 어깨와 수면 위를 지날 때의 팔꿈치. 킥에서는 차내릴 때의 발목과 무릎이 중요한 포인트이다.

어깨와 팔꿈치의 탈력은 엘보우 업을 확실하게 하는 것으로 실현된다. 힘이 빠지지 않으면 몸옆에서 손을 돌리는 것 같은 동작이 되어 버린다.

1 = 팔꿈치 이 상태에서는 팔꿈치에서 끝이 흔들흔들할 정도로 탈력되어 있는 것.

2 = 어깨 팔꿈치가 탈력되어 있어도 어깨에 힘이 들어가 있으면 입수시에 손이 똑바로 뻗지 않는다.

3 = 발목 발목이 굳어 있으면 충분한 부력도 밸런스도 얻을 수 없다.

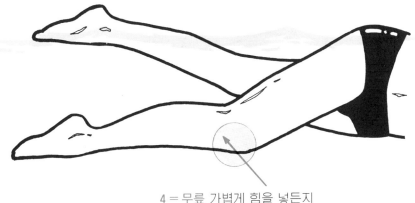

4 = 무릎 가볍게 힘을 넣든지 늦추든지를 반복한다.

스트로크는 S자이다

　기본 레슨에서 팔꿈치를 구부리고 물을 밀라고 설명한 수중에서의 스트로크 테크닉을 좀더 구체적으로 설명하면 아래 그림과 같은 라인이 된다. 입수 직후에서 캐치 → 풀 → 푸시. 그리고 수면 위에서의 리커버리로 구분되는데 손바닥은 캐치에서 팔꿈치를 구부려 가는데 따라서 점점 안쪽을 향해 몸 바로 밑을 지나고, 푸시로 팔꿈치가 뻗어감에 따라서 배 아래를 비스듬히 가로질러서 넓적다리의 바깥쪽으로 간다. 즉, S자의 라인이 되는 셈이다.

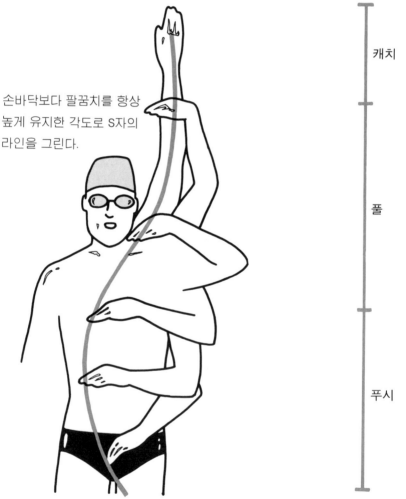

손바닥보다 팔꿈치를 항상
높게 유지한 각도로 S자의
라인을 그린다.

캐치

풀

푸시

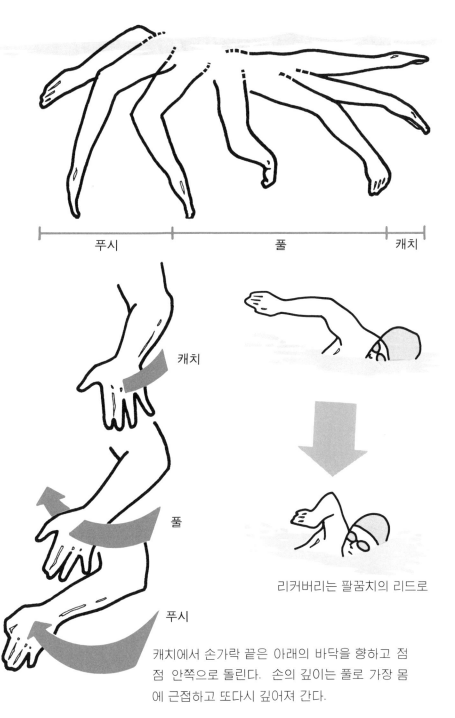

푸시 　　　　　 풀 　　　　　 캐치

캐치

풀

푸시

리커버리는 팔꿈치의 리드로

캐치에서 손가락 끝은 아래의 바닥을 향하고 점
점 안쪽으로 돌린다. 손의 깊이는 풀로 가장 몸
에 근접하고 또다시 깊어져 간다.

손바닥은 45° 입수, S자는 배의 "노"

리커버리에서 똑바로 팔을 펴서 입수. 이때 손바닥의 각도는 수면에 대해서 45° 바깥쪽으로 향한 모양이 이상적이다. 손바닥을 수면에 평행으로 한 채 입수시키면 공기를 수중에 밀고 들어가게(즉 거품을 잡는다) 되어 추진력이 감소되어 버리기 때문이다.

수중에서 S자의 라인을 그리는 것은 가장 추진력을 발휘하는 풀을 몸의 바로 밑에서 하기 위해서이다. 1개의 "노"로 배를 저을 때와 같은 이유. 진행방향을 항상 똑바로 하기 위해서 좌우 똑같이 몸의 바로 밑을 풀한다. 그것에는 S자 라인이 가장 스무드한 동작이 되는 것이다.

45°

넓적다리까지 물을 밀어라

풀 뒤에 손바닥을 다시 바깥쪽으로, 그리고 손가락끝을 풀의 바닥으로 향하면서 넓적다리로 향해 가지만(푸시) 최후까지 철저히 물을 미는 것을 잊지 않도록. 풀만으로 후반을 흘러 버리면 추진력은 반감해 버린다.

초보자는 여기를 체크!

●자기는 제대로 하고 있다고 생각하지만 거리를 헤엄치고 있는 동안에 무너지는 것이 스트로크, 특히 엘보우 업에서 입수까지의 동작이다. 팔꿈치가 높이 올라가 몸이 가까운 곳을 지나 똑바로 입수하고 있는지 어떤지를 풀 사이드에서 체크를 받도록 하자. 수중의 S자를 직접 체크할 수 없지만 흩어지면 진행방향이 좌우로 흔들리기 시작함으로 그것으로 판단을 받는 것이 좋다.

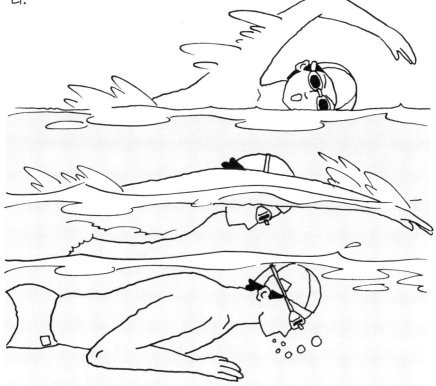

킥은 채찍의 동작

넓적다리에서 치고 있던 킥의 동작을 더 고도히 하면 넓적다리 밑둥을 쥐는 부분으로 상정한 채찍의 액션이 된다. 무릎이 "울림"의 지점이 되고 매끈하게 파도치는 것 같은 느낌으로 발목을 내려친다. 넓적다리에서 무릎으로 가볍게 힘을 넣어 차올리고 양발이 가장 떨어졌을 때에 순간적으로 탈력, 다시 가볍게 힘을 넣으면서 차내린다. 두 개의 채찍을 번갈아가며 상하동작을 시키는 이미지이다.

발목의 무게로 킥하라

발목에도 무릎에도 강하게 힘을 넣지 않고 킥하는 것은 어렵지만 힘을 쓰는 대신에 발목의 무게로 차내린다고 생각하면 알기 쉽다. 거기에 발목의 무게를 느끼려고 의식하면 자연히 무릎의 힘이 빠져나가므로 일거 양득이다.

요령은 발목을 조금 안쪽으로 비틀고 허벅다리로 킥을 할 것(특히 차내릴 때). 양발의 엄지발가락이 가볍게 닿는 정도가 이상적이다.

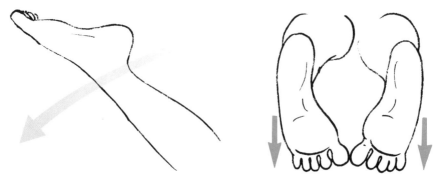

초보자는 여기를 체크!

●좋은 킥을 하고 있을 때에는 물보라가 그다지 올라오지 않고 킥에 의해서 생기는 거품의 덩어리가 항상 발끝보다도 10~20cm 정도 뒤쪽에서 나온다. 풀 사이드에서 체크를 받을 경우에는 우선 그 거품이 나오는 상태를 확인해 받도록 하자. 킥은 양발의 발뒤꿈치가 번갈아서 아주 조금만 수면에 나오는 것이 가장 좋다. 이것도 체크 포인트가 된다.
발목에 힘이 들어가 발뒤꿈치만 두드러져 버리는 것 같은 킥은 피로할 뿐, 전혀 의미가 없다. 발목을 뻗어서 발등으로 물을 미는 것 같이 하자.

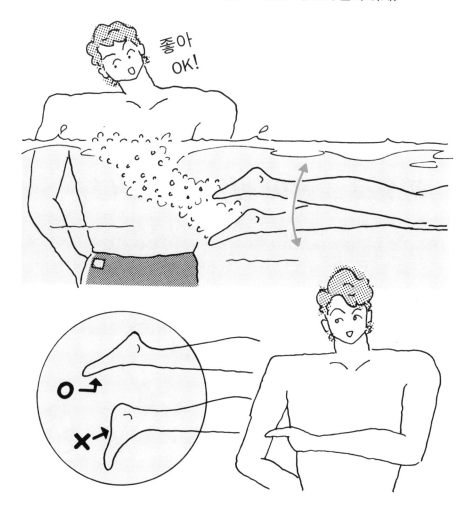

호흡은 "와" 하고 내뱉는다

크롤에서 가장 마스터하기 어려운 테크닉의 하나가 호흡. 조금씩 코에서 숨을 내다가 얼굴을 들기 직전에 "와"하고 내뱉고 그 반동으로 단숨에 입에서 숨을 들이마시는 타이밍을 다시 한 번 확인해 두자. 질질 끄는 것처럼 숨을 내뱉고 있으면 1회의 호흡으로 들이마실 수 있는 공기의 양이 줄어 들어서 결국 숨이 멈추어져 긴 거리의 수영을 계속하는 것이 불가능하게 된다.

파도로 호흡이 편안하게 된다

톱 스위머의 크롤을 보고 있으면 아주 조금 얼굴을 옆으로 흔들 뿐 편안하게 호흡을 하고 있는 것을 알 수 있다. 이것은 이상에 가까운 폼으로 스피드에 실린 수영을 하면 몸 주위에 일정한 파도가 생겨서 마치 얼굴 언저리의 수면이 크게 움푹 패여서 생기는 곡예. 수영을 잘하게 되면 호흡도 편안하게 된다는 것이다.

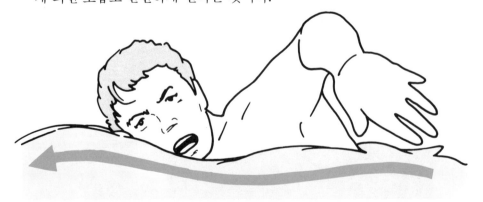

한 손 비트판으로 불안을 없애라

초심자의 호흡은 필요 이상으로 얼굴을 크게 흔드는 것 같은 스타일이 되기 쉽다. 이것은 불충분한 킥으로 부력을 잡을 수 없는 데서 오는 불안감과 엘보우 업의 미완성이 원인이 되고 있다. 한 손을 비트판에 얹고 부력을 보조하면서 천천히 확실한 엘보우 업으로 호흡하는 연습을 하자.

팔꿈치 빼기와 동시에 브레스한다

호흡을 하기 위해 얼굴을 드는 타이밍은 엘보우 업이 최대가 되는 순간에 맞추면 다소 늦다. 팔꿈치가 물에서 나오기 시작하는 것과 동시에 얼굴을 들기 시작하여 엘보우 업, 최대로 숨을 들이마신다는 타이밍을 배우자.

롤링을 생각하라

물의 저항을 최소한으로 해서 스피드를 올리기 위해서는 몸의 상하 동작(피칭)도 좌우의 흔들림(롤링)도 될 수 있는 대로 적은 편이 좋다. 그러나 크롤의 경우, 엘보우 업에 호흡의 동작이 가해지므로 어느 정도의 롤링은 어쩔 수 없다. 문제는 롤링을 어떻게 최소한으로 억제하는가이다. 그러기 위해서는 호흡의 얼굴 방향이 중요한 포인트가 된다.

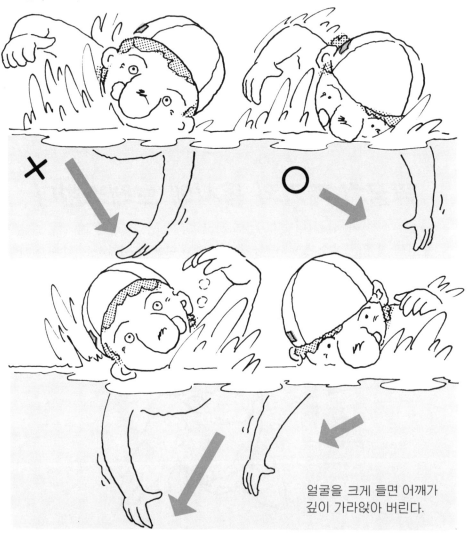

얼굴을 크게 들면 어깨가
깊이 가라앉아 버린다.

초보자는 여기를 체크!

호흡이 잘 되고 있는가 어떤가의 체크 포인트는 얼굴을 드는 각도와 그 방향이다. 초심자는 불안감이 강하기 때문에 아무래도 앞쪽으로 크게 얼굴을 들어 버린다.

앞쪽을 향하면 상체가 서고 크게 들면 롤링이 심해진다. 도저히 스무드한 수영 따위는 할 수 없는 것이다. 기껏해서 얼굴의 3분의 2가 보일 정도로 작게 옆을 향하는 것이 가장 좋다. 안 되는 것은 불충분한 킥과 엘보우 업의 부족이 원인이다. 처음에는 곧바로 옆보다 더 뒤쪽을 본다는 생각으로 얼굴을 들도록 하면 된다.

입이 완전히 수면에 나와 있지 않아도
물을 마실 염려는 없다.

풀 사이드에서의 체크로 얼굴 전체가
보이는 듯한 수영은 불가.

입수 직후가 리듬의 포인트

음악에도 쉼표가 곡에 억양을 붙이는 것처럼 리드미컬한 수영에도 일련의 흐름 속에 한순간 몸 전체를 유연하게 하는 쉼표가 필요하다. 크롤의 경우는 엘보우 업에서 입수한 손이 수중에 똑바로 뻗는 순간(캐치의 제1단계)이 그 쉼표가 된다. 쉰다고 하기보다 "짬"이라고 말하는 편이 정답. 손이 수중에서 뻗었을 때에 일순간의 짬을 잡고 수영의 리듬을 만들어가는 것이다.

스피드 업은 호흡을 멈추고서

1스트로크 1브레스(좌우로 1회씩 젓는 동안에 1회 호흡한다)가 기본이지만 스피드를 올리기 위해서는 롤링을 적게 해서 호흡 횟수를 줄이는 영법이 있다는 것도 외워 두자.

경기에서는 3스트로크 1브레스 정도가 일반적인데 개중에는 4스트로크 1브레스, 5스트로크 1브레스라는 선수도 있다.

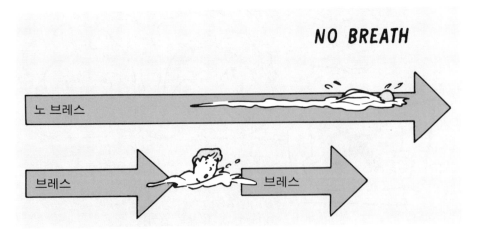

NO BREATH

노 브레스

브레스   브레스

초보자 탈출의 목표 타임

장거리를 수영할 자신이 붙으면 타임을 목표로 설정한 연습을 도입해 보고자 하는 의욕이 생긴다. 처음에 목표로 하는 것은 50m를 1분 10초 이내로 수영하는 것. 이것이 달성되면 일단 합격선이라고 말할 수 있다. 30세 정도의 남성이라도 1분에 수영할 수 있으면 그저 그만하다.

초심자 탈출을 위한 타임을 아래표를 기준으로 하면 된다. 이 표는 최근의 마스터즈 대회에서 최저 타임을 기준으로 설정한 것. 다시 말하면 이 정도로 수영할 수 있으면 마스터즈에도 충분히 출장할 수 있다고 생각해도 좋다.

우선 40세의 타임을 목표로 하여 그것을 이룰 때마다 연령을 낮추어 간다(기준 타임을 올려간다). 50m를 30초로 수영할 수 있으면 일반으로는 수준 이상의 레벨이라고 말할 수 있다.

크롤의 목표 타임				
	50m		100m	
	남성	여성	남성	여성
20세	30초 0	34초 0	1분 06초 0	1분 14초 0
25세	32초 0	36초 0	1분 12초 0	1분 20초 0
30세	34초 0	38초 0	1분 18초 0	1분 26초 0
35세	36초 0	40초 0	1분 25초 0	1분 32초 0
40세	38초 0	42초 0	1분 32초 0	1분 40초 0

방 안에서도 이런 연습은 할 수 있다

물밖에서 폼의 연습을 하는 것은 상당히 영법의 지식을 익힌 다음이 아니면 해도 그다지 의미가 없다. 50m를 1분 이내로 수영할 수 있게 되면 아래와 같은 트레이닝을 해 보자.

● 스트로크

① 상반신을 앞으로 기울여서 오른손을 엘보우 업　**②** 그대로 똑바로 앞쪽으로　**③** 오른손으로 캐치

● 킥　킥의 연습은 무릎에서 아래를 뜨게 한 상태로 하자.

④ 왼손 엘보우 업으로
　　손을 앞쪽으로

⑤ 팔꿈치를 굽혀
　　풀의 폼

⑥ 넓적다리를 비비는
　　것 같이 하여 푸시

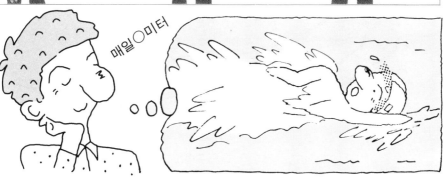

매일○미터

② 백(배영)

앞쪽이 보이지 않으므로 지그재그 진행이 되기 쉽다. 자기류를 버리고 힘을 주지 않는 유연한 수영을 마스터하는 것도 중요.

좋은 킥은 허리의 위치로 결정된다

킥은 수중에서 하고 무릎이나 발목 등이 수면에 나오지 않는 것이 기본이지만 그것에 너무 구애되어 깊은 곳에서 킥하는 것은 좋지 않다. 차올린 발은 수면을 스칠 듯이 하고 양발의 진폭은 40cm정도가 적당하다.

이 깊이를 유지하는 것은 허리의 위치가 결정수. 허리가 가라앉아 버리면(수면에 대해서 비스듬하게 된다) 자연히 너무 깊은 킥이 되고 전진할 때 물의 저항도 커져 버리게 된다.

GOOD

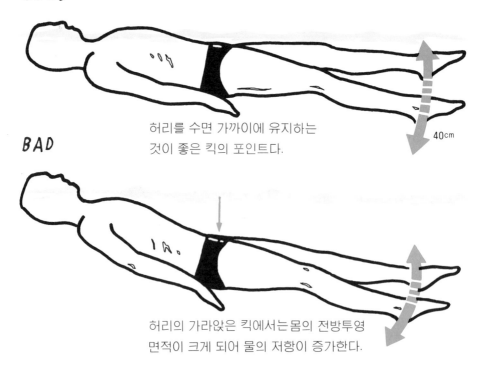

허리를 수면 가까이에 유지하는 것이 좋은 킥의 포인트다.

BAD

40cm

허리의 가라앉은 킥에서는 몸의 전방투영 면적이 크게 되어 물의 저항이 증가한다.

채찍의 동작은 크롤과 같다

킥은 크롤의 뒤집기이므로 역시 유들유들한 채찍의 동작이 목표가 된다. 넓적다리의 동작으로 무릎을 휘어지게 하여 발등으로 물을 차올린다는 느낌이다. 양발이 가장 떨어졌을 때에 일순간의 쉼표(짬)가 있고 그 쉼표로 리듬을 만들어 가는 점도 크롤의 킥과 같다.

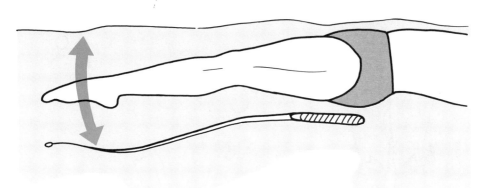

수중의 무릎은 깊게 구부리지 말라

차기를 끝낸 발은 무릎이 뻗은 채 내려가고 다시 차올릴 때에 무릎이 조금 구부려지는 것이 이상적. 깊게 너무 구부리는 초심자가 많으므로 주의하자. 차올릴 때에 발목의 저항으로 자연히 구부려지는 정도가 적당하다.

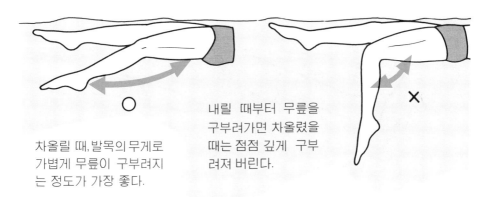

○ 차올릴 때, 발목의 무게로 가볍게 무릎이 구부려지는 정도가 가장 좋다.

내릴 때부터 무릎을 구부려가면 차올렸을 때는 점점 깊게 구부려져 버린다.

×

무릎에서의 허벅다리를 유의한다

무릎을 너무 깊게 굽히지 말고 양발이 좌우로 떨어지지 않도록 킥을 하기 위해서는 발목을 가볍게 안쪽으로 비틀은 허벅다리가 좋다.

허벅다리를 너무 의식하면 발 전체에 불필요한 힘이 들어가 버리므로 발바닥의 방향이 아래 그림과 같은 각도가 되도록 유의하자. 허벅다리 쪽이 발목의 스냅도 살리기 쉽다.

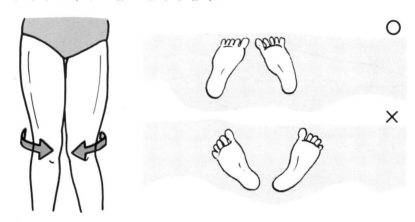

나막신을 신은 스타일은 좋지 않다

킥으로 물을 차올리는 최후의 순간은 발목의 스냅을 살려서 발등으로 물을 몰아치고 내릴 때는 발바닥으로 물을 아래로 미는 것처럼 한다. 즉, 발목이 유연하지 않으면 어떻게 할 수 없는 일인데 발목의 구부러진 나막신을 신은 스타일은 최악이다.

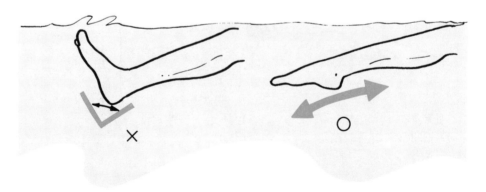

초보자는 여기를 체크!

● 초심자의 킥으로 풀 사이드에서 체크를 받을 수 있는 것은 거품이 나오는 상태와 무릎의 구부림이다. 거품은 발끝에서 10~20㎝ 뒤쪽에 나오는 것이 좋고 무릎은 절대로 수면으로 나와서는 안 된다. 이 두 가지 점이 고쳐지면 백의 킥은 합격이다. 자기 자신이 체크할 수 있는 것은 양발 좌우의 각도. 평행하게 상하로 움직이고 넓적다리가 있는 것처럼 되어 있으면 괜찮다.

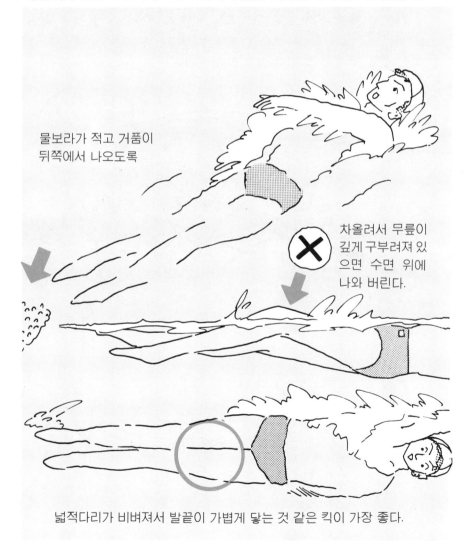

물보라가 적고 거품이
뒤쪽에서 나오도록

차올려서 무릎이
깊게 구부려져 있
으면 수면 위에
나와 버린다.

넓적다리가 비벼져서 발끝이 가볍게 닿는 것 같은 킥이 가장 좋다.

스트로크는 옆의 S자이다

크롤의 스트로크에서는 손바닥의 궤적이 바로 밑에서 본 S자로 되어 있는 것에 대해 백의 경우는 바로 옆에서 본 S자가 된다. 즉, 캐치에서 손바닥은 한 번 깊게 가라앉고 팔꿈치가 구부려져 풀로 이동함에 따라서 옆구리 근처까지 상승. 푸시에 들어가서 팔꿈치가 뻗어오면 손목의 스냅을 살려서 또다시 뒤 아래쪽으로 뻗어간다는 것이다.

이 라인이 가장 길게 물을 뒤쪽으로 계속 밀 수 있다. 요령은 풀→푸시까지 팔꿈치가 손바닥보다 아래에 위치하도록 하는 것. 푸시는 풀로 잡은 물을 던지는 것 같은 느낌으로 한다.

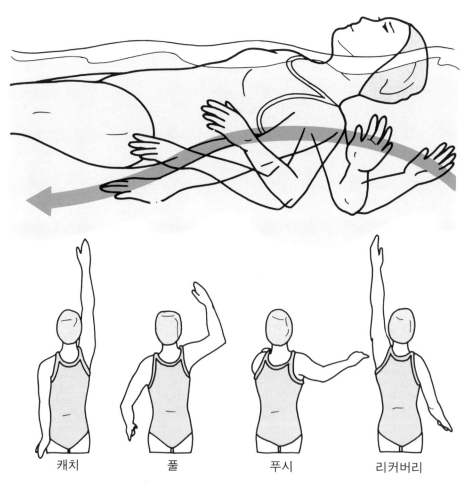

캐치   풀   푸시   리커버리

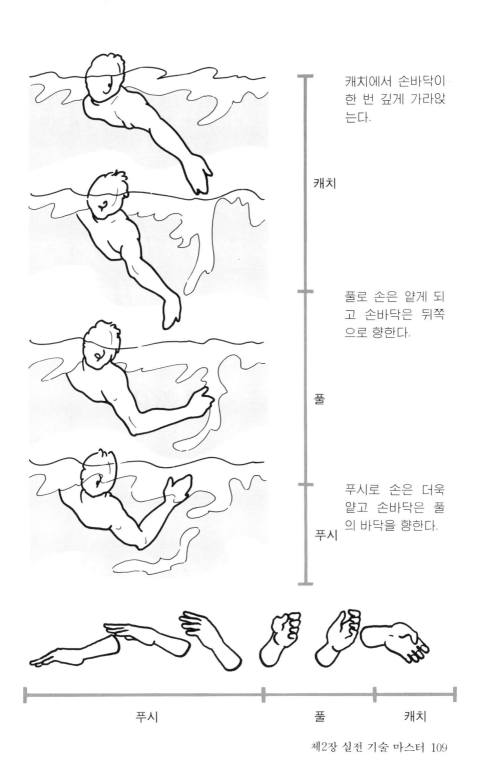

캐치에서 손바닥이
한 번 깊게 가라앉
는다.

캐치

풀로 손은 얕게 되
고 손바닥은 뒤쪽
으로 향한다.

풀

푸시로 손은 더욱
얕고 손바닥은 풀
의 바닥을 향한다.

푸시

푸시　　　풀　　캐치

손목을 새끼손가락 쪽으로 꺾어라

수면 위를 지나간 손이 입수할 때에는 손등에서 넣는 것이 아니고 손바닥을 바깥쪽으로 향해서 새끼손가락에서 넣는 것이 좋은데 이때, 손바닥 전체를 조금 새끼손가락 방향으로 구부리면 더욱 좋다. 입수 후의 동작이 훨씬 스무드하게 된다.

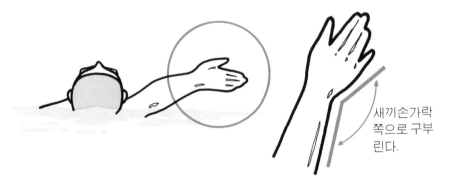

새끼손가락 쪽으로 구부린다.

손은 의식적으로 깊게 저어라

팔꿈치를 굽혀 손바닥을 팔꿈치보다 얕은 수중으로 이동해 가는 것인데, 연습 중에는 자신이 생각하는 이미지보다도 더욱 의식적으로 깊은 곳을 젓도록 하자. 특히 풀의 단계에서는 수면 아래 20cm정도가 적당. 초심자는 손이 얕고 몸에서 먼 곳을 저어버리는 경우가 많다.

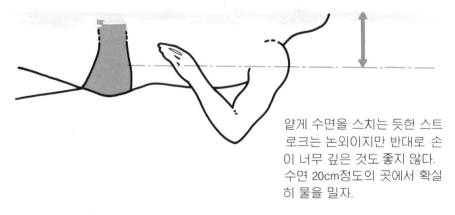

얕게 수면을 스치는 듯한 스트로크는 논외이지만 반대로 손이 너무 깊은 것도 좋지 않다. 수면 20cm정도의 곳에서 확실히 물을 밀자.

한 손으로 철저하게 트레이닝

스트로크의 이미지를 빨리 파악하기 위해서는 수중에서 선 자세로 한 손씩 연습하는 것이 좋다. 선 자세이므로 실제의 수영과는 틀리는 각도가 되는데 팔꿈치를 구부린 상태에서 캐치, 풀, 푸시는 충분히 연습할 수 있다. 캐치로 물을 잡고, 풀에서 푸시로 그것을 뒤쪽으로 던지는 요령이다.

초보자는 여기를 체크!

●초심자의 백 스트로크에서 가장 많은 잘못은 입수 전부터 손이 캐치의 자세로 들어가 버리는 것이다. 즉, 충분히 앞쪽으로 뻗지 않고 팔꿈치가 굽혀진 채 입수해 버리는 폼. 풀 사이드에서 이 입수의 손을 체크 받도록 하자. 자기 스스로 확인하기 어려운 포인트다.

팔꿈치가 구부러져 있어요!!

힘찬 것과 화려함은 다르다

조금 수영을 할 수 있게 되면 스트로크를 할 때마다 상반신이 수면에 튀어 나오는 것 같은 느낌으로 헤엄치는 사람이 있다. 자못 힘차고 빠른 것 같지만 실제는 잘하는 수영이라고 말할 수 없다. 상반신이 밀려 나오면 그 반동으로 다음 순간은 가라앉는다. 즉, 머리가 상하로 크게 움직이는 (피칭) 낭비가 많은 수영이다.

피칭

머리가 상하로 크게 움직인다.

머리의 상하동작이 거의 없다.

어깨가 굳어 있으면 스트로크 때마다 반대쪽의 어깨가 가라앉고 롤링이 커진다.

롤링

호흡은 언제든지 할 수 있지만

백의 호흡에도 일정한 리듬이 불가결이다. 좌우의 손이 1회씩 젓는 동안에 1호흡하는 1스트로크. 1브레스이므로 어느 쪽인가의 손이 머리 위를 지날 때 들이마시고 수중을 젓고 있는 때에 내뱉는다는 패턴을 익혀 두자.

발돋움과 함께 들이마신다.

초보자는 여기를 체크!

수영 전체의 리듬이나 폼을 체크받는 가장 좋은 방법은 머리의 동작에 주목하는 것이다. 앞 페이지에서 설명한 것과 같이 좋은 폼으로 수영하고 있으면 머리의 상하동작은 거의 없고 롤링도 최소한으로 되어 있다. 풀 사이드에서 이 점을 체크하도록 하자. 상하동작이 큰 경우는 어깨의 힘을 빼는 것과 입수시에 손을 똑바로 뻗는 연습이 해결책이 된다.

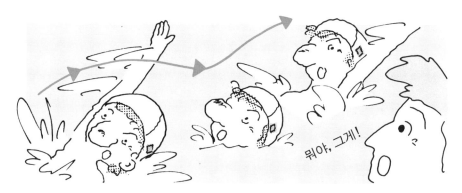

초보자 탈출의 목표 타임

최초의 목표 타임은 50m를 1분 20초 이내. 이것을 다 해내면 아래 표를 참고하면서 40세의 타임에서 차례로 목표를 올려 가자.

백은 크롤처럼 노 브레스로 타임 업을 잴 수는 없다. 타임이 좀처럼 올라가지 않을 때에는 롤링이나 피칭을 다시 한 번 확인할 필요가 있다. 50m를 40초대로 수영할 수 있으면 수준 이상이라고 말할 수 있다.

백의 목표 타임				
	50m		100m	
	남성	여성	남성	여성
20세	38초 0	42초 0	1분 20초 0	1분 28초 0
25세	40초 0	44초 0	1분 24초 0	1분 32초 0
30세	42초 0	46초 0	1분 28초 0	1분 36초 0
35세	44초 0	50초 0	1분 32초 0	1분 42초 0
40세	46초 0	52초 0	1분 36초 0	1분 50초 0

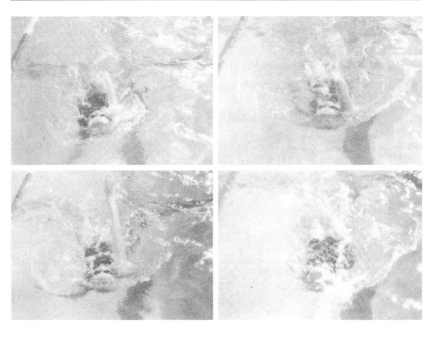

방 안에서도 이런 연습은 할 수 있다

물밖에서의 스트로크 연습은 서서 하므로 대에 위를 보고 누운 스타일로 하면 된다. 손이 몸의 바로 밑으로 오는 경우는 없으므로 보다 실질적인 연습을 할 수 있을 것이다. 천천히 하는 동작으로 수중에서의 팔꿈치 각도, 손바닥의 방향 등을 이미지하면서 연습하고 풀에서도 자연스럽게 그 모양을 취할 수 있도록 하자.

●스트로크

●킥

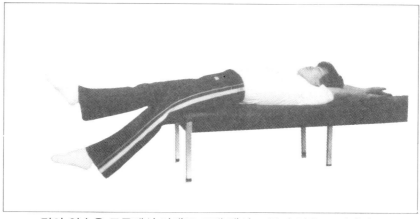

킥의 연습은 무릎에서 아래를 뜨게 해서 크롤과 같은 요령이다.

③ 브레스트(평영)

룰이 엄격한 브레스는 바다에서 한가로이 헤엄치는 평영과는 전혀 다르다는 것을 재인식하여 자기류를 버리고 스피드 업을 노리자.

무릎으로 실력이 판명되어 버린다

브레스트의 킥은 제법 실력이 붙었다고 생각해도 좀처럼 잘 안 되고 초심자의 영역을 벗어나기가 어렵다. 무릎의 벌림을 보는 것만으로도 그 사람의 레벨을 알 수 있다고 말해도 될 정도인데, 무릎을 크게 벌리지 말고 발목에서 끌어당겨 세로로 킥하는 동작이 몸에 익혀지지 않는 것이다.

브레스트를 잘 하고 싶으면 무엇보다도 킥을 마스터해야겠다는 생각으로 연습해 주기 바란다.

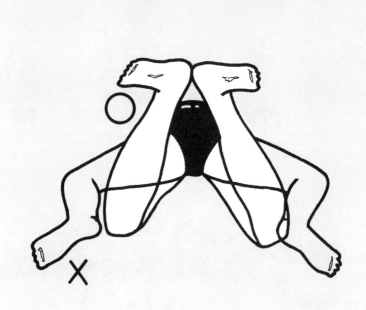

무릎을 크게 벌려서 좌우로 차는 킥은 서툴다는 증명이다.

튜브를 이용한 연습도 효과적

상급 스위머조차도 킥의 연습에는 고생한다. 야구의 배팅 연습에서 하는 것처럼 무릎이 벌어지지 않도록 넓적다리에 튜브를 감고 연습하는 경우도 있다. 상당히 전문적인 연습이지만 틀림없이 효과를 낼 수 있으므로 참고로 하면 좋을 것이다.

납득될 때까지 발로 해라

크롤이나 백은 킥에서부터 연습을 시작해도 곧 그 주력은 손의 스트로크로 이동해 가지만 브레스트는 추진력의 중추가 킥이므로 킥이 안되면 수영 그 자체가 성립되지 않는다는 것이다. 이상한 버릇이 붙어 있지 않는 초심자일 때 올바른 킥을 철저하게 연습해 두자.

비트판과 함께 아, 아… 50년

50년이라고요!

양발로 물을 끼운다

우선 아래 그림을 보기 바란다. 발꿈치를 구부려서 발목을 끌어당기고(상체와 넓적다리의 각도는 110° 정도) 킥을 해서 양발을 가지런히 하는데까지의 분해도인데 이 과정에서 강하게 의식하고 싶은 것은 물을 뒤쪽으로 차는 동시에 양발 사이에 끼우는 것처럼 한다는 것이다. 특히 중반에서 종반에 걸쳐서는 차는 것보다 끼우는 이미지로 킥을 하자. 무릎을 크게 벌리지 말 것과 차내는 방향을 아래로 향하지 말 것. 마지막에는 반드시 양발을 가지런히 할 것의 세 가지 점이다.

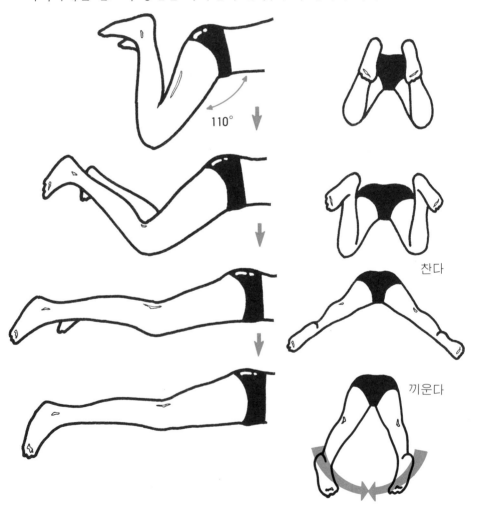

발목의 동작을 마스터하자

발을 끼운다는 이미지는 발목의 반환을 마스터함으로써 더욱 명확하게 된다. 차기 시작할 때부터 중반까지, 발끝을 바깥쪽으로 향해서 구부려온 발목을 무릎의 뻗음에 합쳐서 안쪽으로 굽혀 뻗도록 하는 것이다.

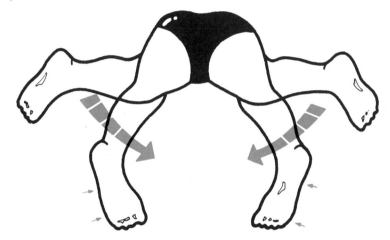

피니시에서는 양발바닥을 합치는 느낌으로 가지런히 한다.

발바닥의 안쪽으로 물을 차라

브레스트는 룰상에서도 발바닥으로 물을 킥하는 것이 조건으로 되어 있다. 킥의 최초부터 발목을 돌려서 피니시하기까지 쭉 발바닥으로 물을 잡는데, 발바닥 전체가 아니고 주역은 발바닥의 장심을 중심으로 한 안쪽이라는 것을 외워 두자.

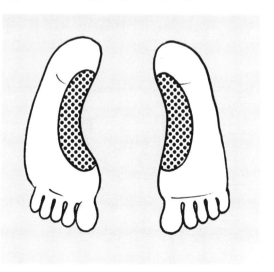

가로가 아니고 세로로 찬다

무릎의 큰 벌림을 방지하기 위해서는 킥에 관해서 가로가 아니고 세로로 찬다는 이미지를 갖는 것도 중요하다. 개구리헤엄의 연상으로 차낼려고 하기 때문에 양발이 크게 벌어져 버리든지 허리가 구부려져서 아래 방향으로 차는 것 같은 킥이 되어 버리는 것이다. 세로로, 뒤로 킥하는 것이 철칙인 것이다.

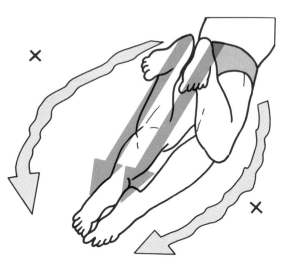

손이 뻗기 직전에 찬다

손과 발의 타이밍은 뒤에 상세히 설명하지만 하나의 기준으로써 스트로크해 온 양손이 앞쪽으로 뻗는 직전에 킥하는 것이라는 것을 외워두자. 이 타이밍으로 킥하면 손이 앞쪽으로 다 뻗었을 때 정확히 킥이 끝나고 몸 전체가 기본 레슨에서 설명한 기본자세로 된다. 물의 저항이 가장 적게 되어 "쑥"하고 몸이 전진하는 순간이다.

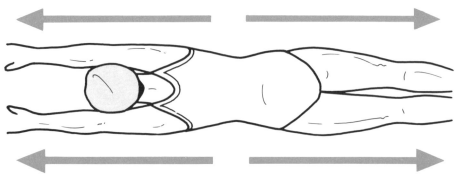

손이 다 뻗기 직전에 킥하면 몸이 일직선이 된다.

초보자는 여기를 체크!

● 몇 번이고 되풀이하는 것이지만 브레스트의 킥은 무릎의 벌림이 잘 되고 못 되고의 기준이므로 체크 포인트도 그 점이 제일이 된다. 풀 사이드에서 무릎 이 좌우로 크게 벌어져 있지 않는가, 킥의 마지막에서 정확히 양발이 가지런 히 되어 있는가를 체크 받도록 하자.

또 하나의 체크는 한도껏 끌어당겼을 때의 발의 상태이다. 올바르게 끌어당 겼으면 양발바닥이 완전히 수면을 향하게 되어 있으므로 밖에서 쉽게 확인할 수 있다.

허리 까지의 수면을 스칠 듯이 발바닥이
보이면 좋다.

다리 가랑이를 벌리는 것은 절대 불가.

양손으로 하트를 그린다

브레스트의 스트로크로 손바닥이 그리는 궤적은 그림과 같이 정면에서 보아도, 바로 밑에서 보아도 양손으로 하트를 그리는 것 같은 모양이 된다. 즉, 양손을 뻗은 위치에서 손끝을 밖으로 향해, 뒤 아래쪽으로 젓기 시작하고 팔꿈치를 구부려 손끝을 안쪽으로 향하면서 가슴으로 껴안는 것처럼 겨드랑이를 죄여 가는 것이다.

포인트는 젓기 시작하면 물을 좌우로 갈라놓는 것이 아니라 양손으로 껴안는 생각으로 뒤쪽으로 강하게 밀 것. 그리고 양손바닥이 어깨밑 근처까지 오면 그 이상 뒤쪽으로 흘리지 말고 재빨리 가슴팍으로 끌어당기는 것처럼 한다.

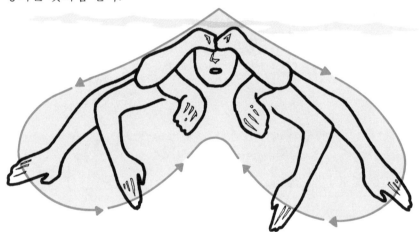

손바닥은 항상 뒤쪽으로 향하고 손끝은 바깥쪽에서 안쪽으로 변화한다.

손바닥은 어깨선보다 뒤쪽으로 흘리지 않게 한다.

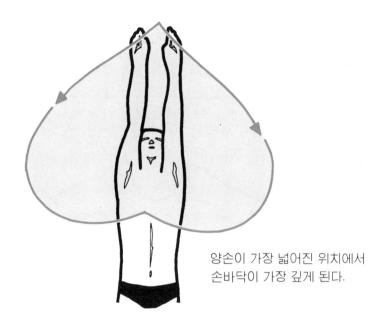

양손이 가장 넓어진 위치에서
손바닥이 가장 깊게 된다.

라스트는 소녀의 기도!!

다 저은 손을 가슴팍으로 끌어당길 때는 문자 그대로 껴안아 버리는
편이 좋다. 손바닥을 가슴 앞에서 포개 버리는 것이다. 이때 손끝은 이
미 앞쪽으로 향해 있어서 다음 스트로크의 준비를 시작한다.

물을 가슴으로 껴안는 자세로 자연스럽게
양손이 포개지는 정도가 좋다.

하이 엘보우를 다시 한 번 확인

스트로크에서는 팔꿈치를 항상 높게 유지하고 손이 너무 뻗지 않도록 하는 것이 중요하다. 양손을 앞으로 뻗은 상태에서 물을 잡고 힘껏 뒤쪽으로 밀기 시작(캐치 포인트)할 때는 어느 정도 손이 옆으로 뻗은 상태가 되는데 그래도 팔꿈치는 110° 정도의 각도를 유지하도록 하자.

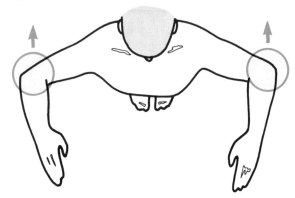

물을 젓고 있을 때 팔꿈치를 너무 뻗으면 힘을 발휘할 수 없다.

일직선이 휴식 포인트

손을 똑바로 뻗은 곳에서 킥도 끝나고 몸이 일직선이 된다고 썼다. 이 순간이 브레스트의 "쉼표" 즉, 휴식 포인트이기도 하다. 몸이 쭉 전진하는 "짬"으로 수영의 리듬을 만드는 것이다.

몸을 일직선으로 힘껏 발돋움한다.
이것이 리듬의 포인트.

이것이 손과 발의 타이밍

아래 그림의 번호를 맞추어 보면 스트로크의 타이밍을 알 수 있다. ①은 손발이 완전히 뻗은 상태. 스트로크가 시작되어 양손을 가슴 앞으로 껴안으려고 할 때(④) 발을 끌어당기기 시작하고 양손이 뻗을려고 하는 상태(⑤→①)로 킥되는 것이다.

스트로크가 선행하여 킥이 따라 붙고 몸이 뻗은 곳에서 리듬을 잡고 다시 스트로크가 시작되는 것이다.

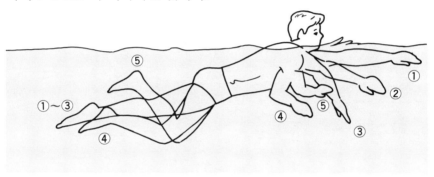

초보자는 여기를 체크!

●브레스트의 스트로크는 모두 수중에서 행해지기 때문에 남이 확인해 줄 수 없다. 자기 스스로 체크할 수밖에 없는데 그 포인트는 ①양손을 앞쪽으로 똑바로 뻗는다. ②팔꿈치는 손바닥보다 얕게 하고 팔꿈치를 다 뻗지 않는다. ③다 저으면 겨드랑이를 조인다는 세 가지 점이다.

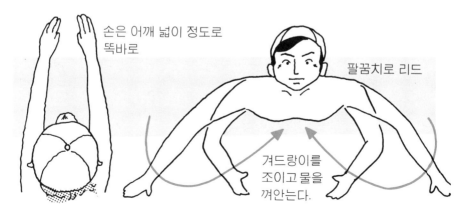

손은 어깨 넓이 정도로 똑바로

팔꿈치로 리드

겨드랑이를 조이고 물을 껴안는다.

호흡은 초조하게 굴지 말고

브레스트의 호흡은 얼굴을 앞쪽으로 들기 때문에 크롤만큼 어렵지는 않다. 들이마시는 타이밍은 크롤과 같지만 비교적 침착하게 할 수 있을 것이다. 초심자일 때는 스트로크의 처음부터 얼굴을 들어 버리기 쉬우나 리드미컬하게 하기 위해서는 스트로크의 후반에 맞추어서 호흡하는 편이 좋을 것이다.

스피드 업은 잠수에 주의

1스트로크 1브레스가 기본. 크롤과 달라서 호흡에 롤링이 수반하지 않으므로 노 브레스가 스피드 업에 연결된다고는 반드시 말할 수 없다. 피칭을 작게 하기 위해 호흡 횟수를 줄일 경우는 머리의 위치에 주의하자. 레이스에서는 머리를 숙이고 완전히 수면 아래로 들어가 버리면 잠수로 간주되어 실격이 되기 때문이다.

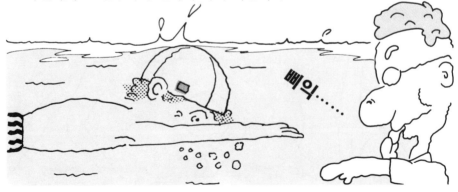

초보자 탈출의 목표 타임

　브레스트는 4영법 중 타임이 가장 느린 수영이며 영법 자체가 어렵기 때문에 초심자일 때는 좀처럼 실력이 늘지 않는다.

　최초의 목표는 50m를 1분 20초 이내로 수영할 것. 그 이후는 아래표로 목표를 올리게 되는데 피치를 올릴 때는 지나치게 집중하여 스트로크나 킥이 엉망으로 되어 버리지 않도록 주의하자.

브레스트의 목표 타임				
	50m		100m	
	남성	여성	남성	여성
20세	40초 0	45초 0	1분 25초 0	1분 35초 0
25세	42초 0	47초 0	1분 29초 0	1분 39초 0
30세	44초 0	49초 0	1분 33초 0	1분 43초 0
35세	46초 0	51초 0	1분 37초 0	1분 47초 0
40세	48초 0	53초 0	1분 41초 0	1분 51초 0

 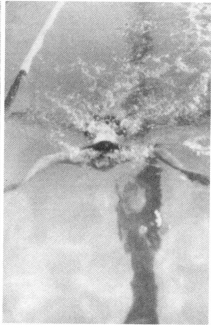

방 안에서도 이런 연습은 할 수 있다

물밖에서의 연습도 킥을 집중적으로 하도록 하자. 무릎에서 아래를 공중에 뜬 스타일로 하면 효과적이다. 킥 전체의 동작을 재현하는 것은 조금 무리이지만 발바닥으로 물을 차고 양발로 물을 끼워 가는 요령은 충분히 파악할 수 있다. 상체를 조금 일으키듯이 하는 것이 포인트다.

물론 스트로크를 동시에 연습하는 것도 좋다.

● 킥

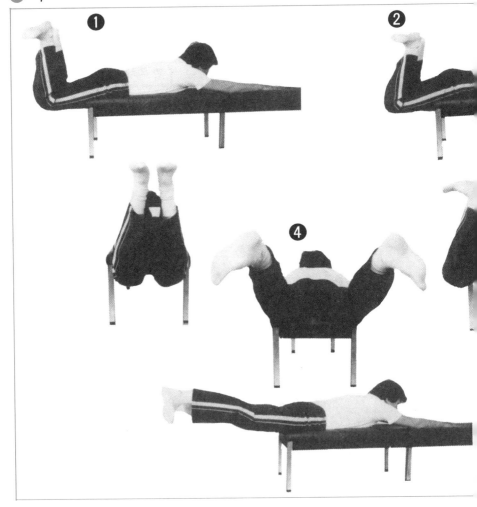

❶ 발목부터 선행시켜 양발을 끌어당긴다.

❷ 허리 가까이까지 끌어당겼을 때, 양발바닥은 천정을 향해 있을 것.

❸ 차기 시작할 때는 발목을 구부리고 발끝을 밖으로 향하게 한다.

❹ 무릎의 뻗기에 맞추어 원을 그리는 것처럼 발목을 돌리고 발끝을 안쪽으로 향하게 한다.

❺ 양쪽 발바닥을 합치는 것과 같은 느낌으로 발을 뻗어 가지런히 한다.

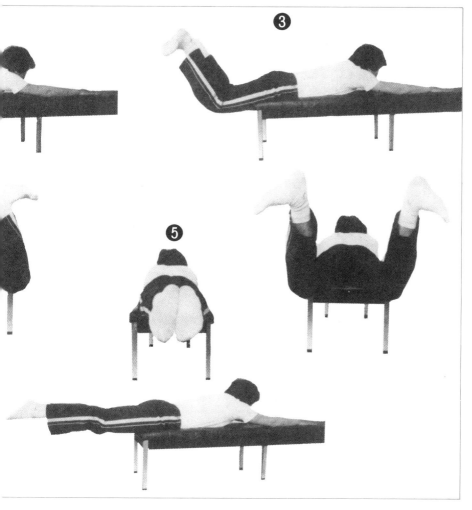

④ 버터플라이(접영)

어려운 영법이므로 자기류로 마스터하기는 우선 무리다. 허리를 중심으로 한 전체의 리듬을 잡는 것으로 난관을 돌파하자.

하반신이 채찍이 된다

킥은 크롤의 것을, 양발을 가지런히 해서 하는 것 같은 모양이므로 하이 테크닉은 역시 채찍의 동작이 된다. 단, 크롤은 넓적다리가 채찍의 쥐는 곳인데 비해 버터플라이는 허리가 원동력이 된다는 것을 잊지 않도록 하자. 허리를 상하동작시키므로써 생기는 힘이 넓적다리와 무릎을 지나서 발목의 큰 진폭이 된다는 이미지다. 모난 귀퉁이가 없는 부드러운 킥을 지향하자.

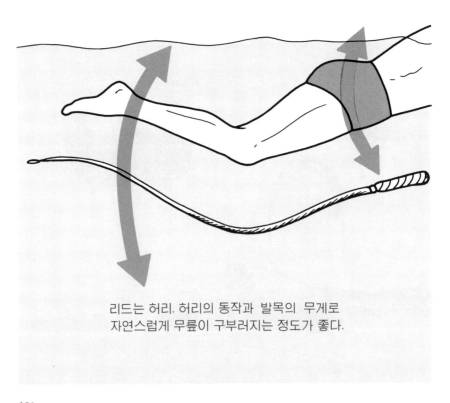

리드는 허리. 허리의 동작과 발목의 무게로
자연스럽게 무릎이 구부러지는 정도가 좋다.

허리가 놀면 손도 쓸 수 없다

처음 한동안은 허리가 아니고 발을 중심으로 한 킥에서 결과적으로 허리가 상하운동을 하는 동작이 되기 쉽다. 그러나 그렇게 해서는 언제까지 가도 버터플라이는 되지 않는다. 허리가 놀고 있어서 손의 스트로크가 전혀 듣지 않기 때문이다. 즉, 허리로 리드하는 것은 킥뿐 아니라 스트로크를 위해서이기도 하다.

발끝을 합쳐서 하나로

돌핀 킥은 양발을 가지런히 한다. 당연한 일이지만 연습을 해 보면 의외로 어렵다. 크게 양발이 떨어질 뿐아니라 상하로 조금 닿든지 무릎이나 발끝이 좌우로 벌어져 버린다. 이것을 방지하기 위해서는 조금 허벅다리 모양으로 무릎이나 발끝을 합치도록 하면 좋다.

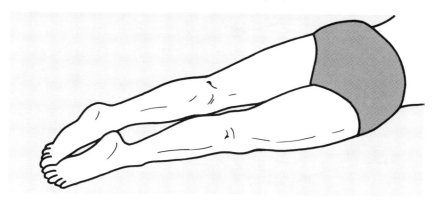

킥 영법을 배우고자 할 때

1스트로크 2킥이 버터플라이의 기본 리듬. 양손이 앞쪽으로 뻗어서 입수할 때에 한 번 킥. 손이 수중을 젓기 시작하고 넓적다리를 향해서 푸시할 때에 또 한 번 킥한다라는 타이밍이 된다.

첫번째의 킥은 추진력, 두 번째의 킥은 몸의 밸런스를 잡는 것과 같이 조금 목적이 다르므로 정확하게 『하나 둘, 하나 둘』로 두 번 나눈 리듬으로 행하는 것이 중요하다. 그리고 이 리듬의 이은 곳에서 호흡한다.

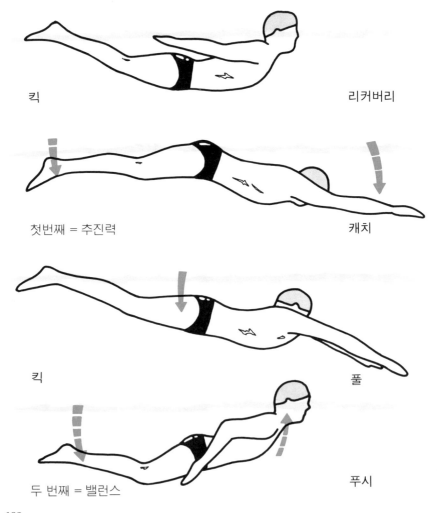

킥   리커버리

첫번째 = 추진력   캐치

킥   풀

두 번째 = 밸런스   푸시

호흡할 때는 푸시와 킥이 없다

앞 페이지에서 설명한 것과 같이 숨을 들이마실 때에는 손의 푸시도 두 번째의 킥도 끝난 상태로 되어 있다. 즉, 숨을 들이마시는 순간의 손발은 뒤쪽으로 뻗어 있다. 이때에 턱을 앞쪽으로 밀어내고 브레스하는 것이다. 호흡의 타이밍도 포함하면 리듬은『하나, 둘, 호흡, 하나, 둘, 호흡』이 된다.

초보자는 여기를 체크!

●몇 번이나 말했지만 킥은 허리가 포인트이다. 좋은 킥을 하고 있을 때는 킥을 할 때마다 엉덩이가 수면 위로 내미는 스타일이 된다. 풀 사이드에서 그 점을 체크받도록 하면 좋을 것이다.

양손으로 S자를 그려 본다

스트로크는 양손으로 입수해서 캐치→풀→푸시까지 그리는 것 같은 궤적을 간다. 캐치와 푸시는 크롤, 풀의 단계에서는 브레스트와 닮은 동작이다. 손끝은 캐치로 바깥쪽, 풀로 안쪽, 그리고 푸시로 뒤쪽을 향한다. 다른 영법도 마찬가지로 팔꿈치를 높게 유지하는 것이 힘을 내는 요령으로 풀에서는 90° 정도로 되어 있으면 좋다.

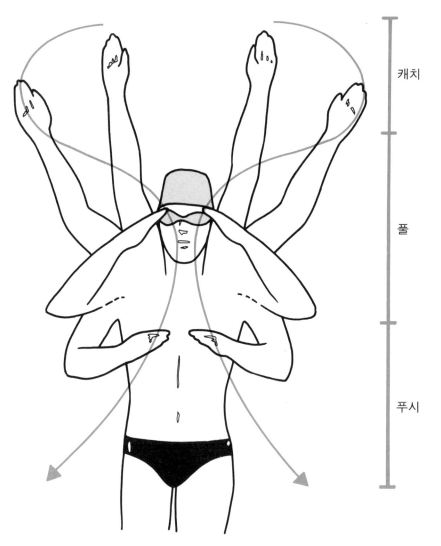

캐치

풀

푸시

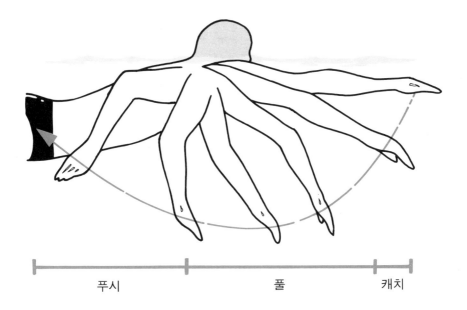

| 푸시 | 풀 | 캐치 |

● 풀

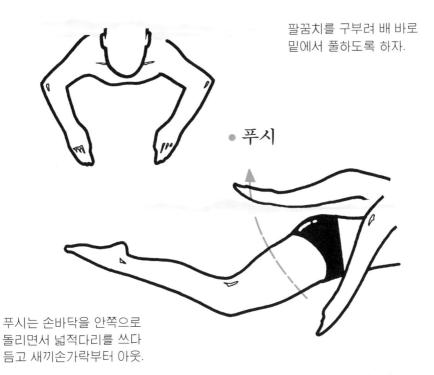

팔꿈치를 구부려 배 바로
밑에서 풀하도록 하자.

● 푸시

푸시는 손바닥을 안쪽으로
돌리면서 넓적다리를 쓰다
듬고 새끼손가락부터 아웃.

손바닥을 45°로 입수

리커버리에서 입수할 때 손바닥은 약간 바깥쪽으로 향하고 수면과 45°정도의 각도로 들어가는 것이 좋다. 거품을 잡지 않기 위해서와 입수 직후, 손바닥 전체로 물을 밀어 버리지 않도록 하기 위해서이다.

물 위에서는 팔꿈치가 선행

푸시가 끝나고 리커버리로 이동할 때는 우선 팔꿈치부터 수면에 내고 팔꿈치를 선행시키는 것 같은 기분으로 어깨를 돌리고 양손을 앞쪽으로 옮기도록 하자. 손바닥의 방향은 어깨까지는 안쪽, 어깨를 지나서 앞쪽으로 나올 때에 비로소 아래(수면 방향)로 향하는 점에도 주의. 팔꿈치보다도 손끝이 항상 아래에 있는 것도 중요하다.

팔꿈치, 팔꿈치, 팔꿈치라고 싫증이 날 정도로 기억해 두자.

초보자는 여기를 체크!

●버터플라이의 스트로크는 느긋한 동작으로는 연습하기 어렵다. 그러기 때문에 초심자는 양손이 앞쪽으로 정확히 뻗기 전에 입수해 버리는 스트로크가 되기 쉽다. 이것이 제1의 포인트다.

또 하나는 리커버리 때에 팔꿈치보다 손끝이 위에 있는 것 같은 스타일로 되어 있지 않는가 하는 점이다. 잘 안 될 경우에는 한 손만으로의 스트로크를 철저하게 해 보면 좋을 것이다.

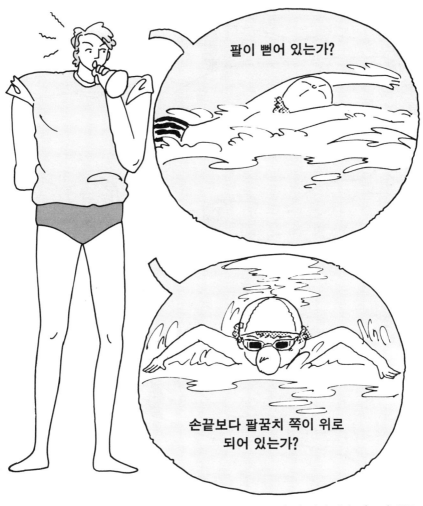

제2장 실전 기술 마스터 137

파도의 상하운동으로 전진

　버터플라이의 전체 리듬은 돌고래의 헤엄이다. 여기까지의 레슨을 기본으로, 몸 전체로 수면을 누비는 것처럼 헤엄칠 수 있도록 해 보자. 다른 영법과 비교하여 어느 정도의 상하운동은 어쩔 수 없지만 그것을 될 수 있는 한 전진의 파도로 바꾸도록 노력하는 것이 중요한 것이다. 상반신과 하반신이 허리를 축으로 한 시소와 같은 동작(조금 더 미끄럽지만)으로 되는 것이 기본이다.

입수직후, 상체는 가라앉고 발은 킥으로 수면에 올라온다.

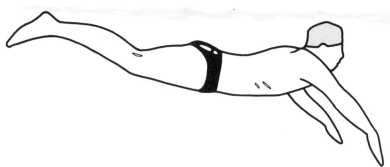

풀 단계에서는 상체는 약간 위로 하고 발은 킥하기 직전에

푸시의 종료와 거의 동시에 킥도 종료. 상체는 수면에 나와서 호흡한다.

초보자 탈출의 목표 타임

초보자라면 우선 최초의 목표 타임을 25m에서 30초 이내로 설정하자. 그것이 해결되었다면 아래표를 목표로 해서 차례로 타임 업을 꾀한다. 자신이 붙으면 톱 스위머를 모방하여 스피드 업을 위해 2스트로크 1브레스로 해 보는 것도 좋을 것이다.

50m를 남성은 25초, 여성은 30초 정도로 헤엄칠 수 있으면 일반 수준을 넘어서서 톱 스위머에 접근했다고 생각해도 좋다.

버터플라이의 목표 타임				
	50m		100m	
	남성	여성	남성	여성
20세	35초 0	41초 0	1분 15초 0	1분 27초 0
25세	37초 0	43초 0	1분 19초 0	1분 31초 0
30세	39초 0	45초 0	1분 24초 0	1분 36초 0
35세	42초 0	48초 0	1분 30초 0	1분 42초 0
40세	45초 0	52초 0	1분 37초 0	1분 50초 0

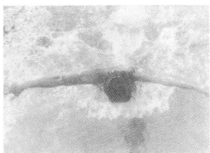

방 안에서도 이런 연습은 할 수 있다

버터플라이의 물 밖의 연습은 스트로크와 킥의 타이밍을 파악하는데 집중하자. 우선은 선 채로 양팔을 머리 위에 뻗고 한 발로 마루를 한 번 킥, 팔을 흔들어 내리고 또 한 번 킥한다. 이 타이밍을 외웠으면 킥을 무릎의 구부려뻗기로 바꾸고 같은 타이밍으로 반복하여 해 보자.

●1스트로크 2킥

❶ 양팔을 흔들어 올려서 세운다.　❷ 팔을 내리면서 무릎을 구부린다.　❸ 팔이 내려가기 직전 무릎을 뻗는다.

④ 양팔이 다 뻗은 곳에서 ⑤ 팔을 머리로 흔들어 올리 ⑥ 양팔을 들고 1스트
　　무릎을 뻗는다.　　　　　　　　면서 무릎을 구부린다.　　　　　로크 2킥이 종료.

원 포인트 어드바이스 — 목표별 트레이닝법

일류선수는 1년 동안 2500~3000km를 헤엄친다

수영을 경기로 보면 선수의 힘이 피크가 되는 연령은 야구나 축구 등의 구기보다 10세가 더 젊다고 말하고 있다. 즉, 중학생 시대에 기본기를 다지고 10대 후반에서 20대 전반에 걸쳐서 피크에 도달하는 셈이다. 즉, 인간으로서 가장 활발한 시기에 최대의 트레이닝을 한다는 것. 그 연습량은 1일 약 10km가 보통이며 1년 동안에는 2500~3000km의 거리를 헤엄치고 있는 것이다.

소년기 때 일류를 목표로 하는 당신은

앞 페이지에 쓴 것 같이 중학생 시대는 수영 선수에게 있어서 가장 중요한 시기이다. 반대로 말하면 그 연령에서 트레이닝을 쌓으면 일류가 되는 것도 가능하다는 말이다. 만약 톱 스위머를 목표로 한다면 하루에 2시간으로 3000~4000m 정도의 연습량이 필요. 물론 매일 계속 해야 한다.

해냈군!

좋은 몸을 만들고 싶은 젊은이는

톱 스위머들은 잘 발달한 대흉근과 야무진 복부를 가지고 있으므로 그 스타일을 동경하는 젊은이도 많다. 10대 후반~20대이면 적절한 트레이닝에 의해서 그 몸에 접근하는 것도 꿈은 아니다. 경기에 나가는 것이 아니므로 매일 할 필요는 없다. 연습은 주에 3일 정도. 50m 1분, 즉, 1000m를 20분으로 수영하는 기본으로 1회에 1시간~1시간 반을 하면 좋을 것이다.

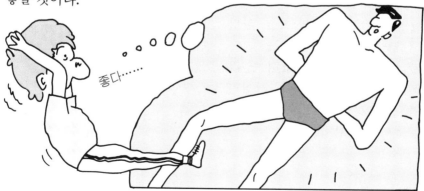

좋다……

중년 이후의 세이프 업이면

조금 느슨해진 몸을 다잡고 싶다는 이유로 수영을 시작하는 중년 이후의 스위머도 최근 증가하고 있다. 이 타입에서 주의해야 할 것은 과도한 연습을 피할 것과 스피드 업을 추구하지 않는 것이 두 가지. 길게 헤엄치는 것을 목표로 하루의 연습량은 1시간에 1000~1500m가 적당하다. 횟수도 1주일에 2~3회로 충분하다.

수중이므로 몸에 좋다

건강유지나 증진을 목적으로 한 연습에도 수영이 꼭 알맞다. 조깅을 하는 것보다는 훨씬 안전하고 효과적이다. 그냥 멍청하게 잠겨 있는 것만으로도 에너지가 소비되고 부력에 의해서 체중을 지울 수 있으므로 관절에 부담을 주지 않는다는 등 수중 특유의 장점이 대단히 큰 것이다. 헤엄치지 못하는 사람이 풀 안을 걷는 것만 해도 훌륭한 운동이라고 할 수 있다.

제 3 장
턴과 스타트 마스터

턴의 연습을 시작하기 전에 중요한 것은
코에서 숨을 계속내도록 하자. 그렇지
않으면 물이 들어가 버리기 때문이다.
스타트는 단거리일 때 승패를 좌우하는
요소가 되므로 좋은 스타트를 몸에
익히도록 한다.

① 턴

풀에서 수영하는 이상, 턴의 기술은 꼭 마스터하자. 50m풀에서 1500m를 수영한다고 하면 턴은 28회. 잘하고 못하고에 따라 10m의 차이가 난다.

턴에서 코가 중요한 이유

턴의 연습을 시작하기 전에 대기본을 하나 배워 두기 바란다. 그것은 턴하고 있는 동안, 코에서 숨을 계속낸다는 것이다. 턴의 스타일은 크롤, 백, 브레스트와 버터플라이의 세 가지로 분류되는데 어느 경우에도 머리가 완전히 가라앉은 잠수 상태에서의 급격한 동작을 수반하고 있다. 코에서 숨을 계속내고 있지 않으면 거기에서 물이 들어가 버리는 것이다.

턴에서는 처음부터 끝까지 입을 다물고
코에서 숨을 계속내자.

손의 터치가 불필요한 것은 크롤 뿐

앞 페이지에서 턴의 모양은 크롤, 백, 브레스트와 버터플라이의 세 타입으로 분류된다고 썼다. 그 차이는 풀의 벽에 터치하는 방법의 차이에서 온다. 크롤은 몸의 일부(보통은 발)가 터치하는 것만으로 좋은데 대해서 백은 반드시 어느 한쪽의 손을 벽에 터치해야 하고 브레스트와 버터플라이는 양손으로 동시에 터치하지 않으면 룰 위반이 되는 것이다.

● 크롤

● 백

● 브레스트와 버터플라이

크롤의 턴

크롤의 턴은 벽 앞에서 몸을 회전시켜 발로 벽을 차는(이것이 터치가 된다) 스타일. 매트 운동의 앞굴리기와 체조의 앞 공중제비의 요령과 같다. 이 몸의 전방 회전을 수중에서 어떻게 빨리 할 수 있는가 하는 것이 과제. 퀵 턴이라고 부르는 것으로도 알 수 있듯이 천천히 하고 있어서는 룰상의 장점을 살릴 수 없는 것이다.

육상에서 이 매트 연습을 해 보자.

엎드려뜨기에서 회전해 보자

우선 엎드려뜨기의 상태에서 수중에서 회전하는 연습을 해 보자. 양손을 힘차게 뒤쪽으로 저으면서 머리를 가라앉히고 등을 둥글게 하는 것처럼 해서 회전한다. 뜬 상태에서 하기 어려운 경우는 선 채로 발로 풀의 바닥을 차는 힘을 이용해도 좋다. 수중에서 재빨리 회전하는 이미지를 익히는 것이 목적이다.

턱을 당기는 것이 포인트

멋지게 회전하기 위해서는 턱을 힘껏 당기고 머리를 배에 붙이는 것처럼 해서 회전의 종료까지 턱을 올리지 않는 것이 요령이다. 턱이 올라가면 자연히 등이 뻗어 버리므로 빠른 회전이 되지 않는다. 양발은 처음 무릎을 뻗은 상태로 돌기 시작하고 회전 종료 때에 구부리도록 하는 것이 좋다.

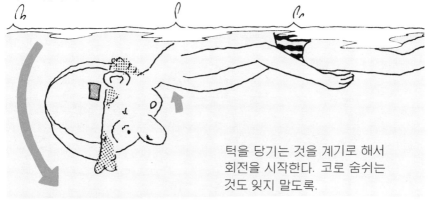

턱을 당기는 것을 계기로 해서 회전을 시작한다. 코로 숨쉬는 것도 잊지 말도록.

벽까지의 거리는 감을 길러서

퀵 턴은 회전종료 때의 무릎이 구부려진 상태로 양발이 벽에 붙고 힘차게 차는 것인데 그 거리를 판단하는 것이 어렵다. 너무 접근하면 발과 허리를 풀의 벽에 부딪쳐 버리고, 멀면 발이 벽에 미치지 않는다. 벽을 향해 턴을 반복해서 적당한 거리를 파악하는 감을 기르자.

발…발이 미치지 않는다.

앞굴리기 반비틀기로 완성

벽을 양발로 잡는 거리감이 파악되면 턴은 거의 완성이지만 그것만
으로는 턴 직후에 몸이 완전히 위를 향해 버린다. 그래서 실제의 퀵 턴
에서는 회전 도중에 허리를 비트는 동작을 첨가할 필요가 있다.

회전의 후반, 즉 무릎을 구부리는 것과 동시에 허리를 비틀고 아래
그림과 같이 양발이 벽에 대해서 옆으로 붙도록 한다. 이것으로 앞굴리
기 반비틀기가 되는 것이다. 이 자세에서 벽을 차서 대시하는 것이다.

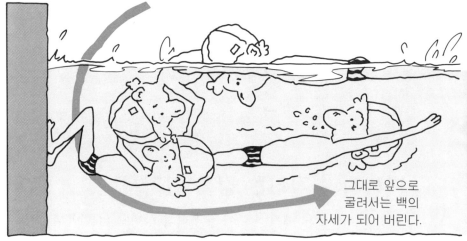

그대로 앞으로
굴려서는 백의
자세가 되어 버린다.

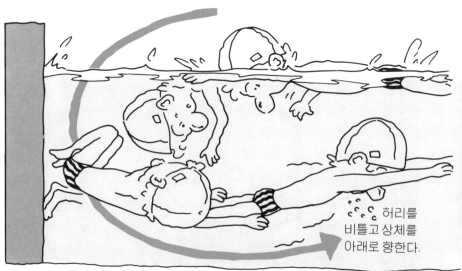

허리를
비틀고 상체를
아래로 향한다.

대시의 힘을 죽이지 말라

벽을 찬 다음 그 힘으로 몸을 뻗으면서 보통의 크롤로 가져 간다. 이 때 최초의 킥을 시작하는 타이밍이 의외로 중요하다. 벽을 찬 힘이 살아 있어서, 몸이 수면에 나오기까지는 너무 늦고, 힘이 충분히 남아 있을 동안에 시작하는 것도 힘의 손실. 힘이 없어져 갈 때에 킥을 시작하자.

힘이 없어져 갈 무렵에 작게 킥하고 손을 한 번 저으므로써 떠 오른다.

좌우로 할 수 있으면 말할 나위 없다

턴의 요령을 알았으면 풀의 벽보다 7~8m 떨어진 거리에서 크롤로 헤엄쳐 턴해서 되돌아오는 연습을 반복. 허리를 좌우 어느 쪽에 비트는 가에 따라서 벽을 찰 때의 몸의 방향은 정반대가 된다. 좌우 어느 쪽 방향이라도 좋지만 번갈아 연습해서 양쪽을 다 할 수 있도록 해 두는 것이 가장 좋다.

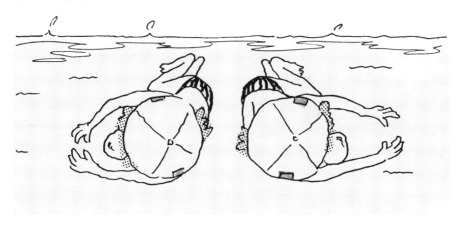

거리와 방향을 정확하게

크롤의 스트로크에서 턴으로 바꾸는 방법은 몇 가지가 있는데 최후의 스트로크를 위해서 입수한 손의 리드로 회전을 개시하는 방법이 일반적이다. 또 다른 한 손은 허리에 붙인 채 회전하고 턴 종료 때에 양손을 앞쪽으로 향해서 합쳐 가는 것이다. 이것도 좌우 양쪽을 다 할 수 있도록 되어야 한다. 회전을 개시할 때의 거리를 일정하게 하고(벽에서 약 1m) 차는 방향을 정확하게 하는 점에도 주의해야 한다.

④

머리가 가라앉는 것과 동시에
양발을 수면으로

③

그대로 손을 아래로 향해서 젓고,
턱을 당기기 시작한다.

⑤

등을 둥글게 하고 머리를 배쪽으로 회전
시켜 간다. 허리가 수면에 나오고 양발은
뻗은 채

⑥
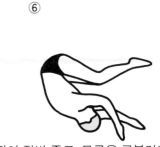
회전이 절반 종료. 무릎을 구부리기
시작한다.

⑨

벽을 힘껏 킥하고 양손을 앞쪽으로 뻗는다.

⑩

힘이 없어져갈 무렵에 킥 개시

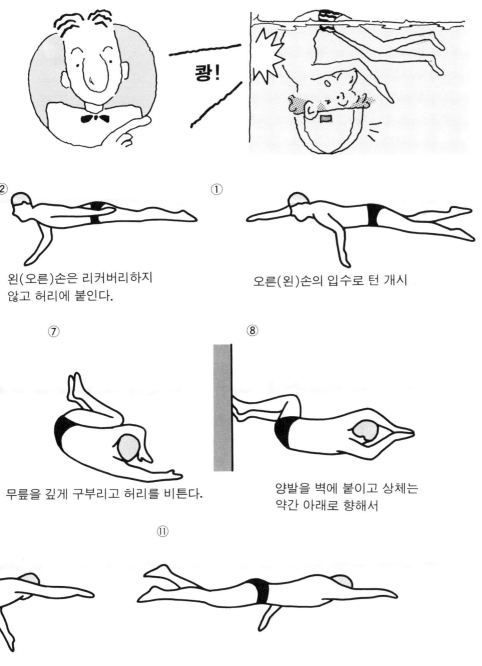

콩!

② 왼(오른)손은 리커버리하지
않고 허리에 붙인다.

① 오른(왼)손의 입수로 턴 개시

⑦ 무릎을 깊게 구부리고 허리를 비튼다.

⑧ 양발을 벽에 붙이고 상체는
약간 아래로 향해서

⑪ 스트로크의 개시. 여기에서 몸이 떠오른다.

백의 턴

  백의 턴도 퀵 턴이라고 부르고 있는데 규칙상 반드시 한 손을 벽에 터치시키지 않으면 안 되므로 공중제비와 같은 턴은 되지 않는다. 아래 그림과 같이 한 손을 뻗어서 양발을 높게 올리고 그 발을 뻗은 손의 방향으로(왼손이면 왼쪽 회전, 오른손이면 오른쪽 회전) 흔들 때의 힘으로 몸 전체를 180°반전시키는 것 같은 스타일이다. 잠자리에 누워서 우선 이 연습을 해 보자.

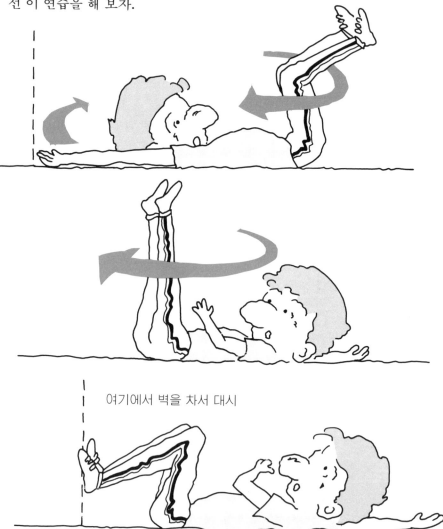

여기에서 벽을 차서 대시

손으로 물을 밀고 발을 올린다

수면 위로 끌어올린 발의 회전으로 몸의 방향을 바꾸게 되는 것이므로 발을 힘차게 끌어올리는 것이 중요하다. 요령은 허리쪽에 남겨둔 손으로 물을 아래로 푸시하고 그 계기로 허리를 들어 무릎을 구부리면서 발을 올리도록 하는 것이다.

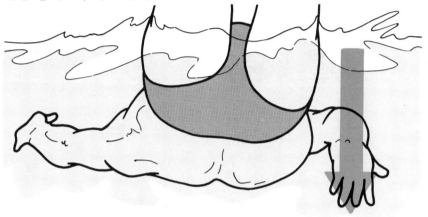

몸이 90°로 기울면 반칙이다

수중에서의 동작이므로 발을 올려서 몸을 반전시킬 때에 아무리 해도 허리의 비틀기가 들어가 잠자리 위에서 하는 것처럼 평면적인 회전은 되지 않는다. 상체가 비스듬하게 기우는 것 같은 스타일이 되는 것이다. 어깨의 선이 90° 이상 기울면 룰 위반이 된다.

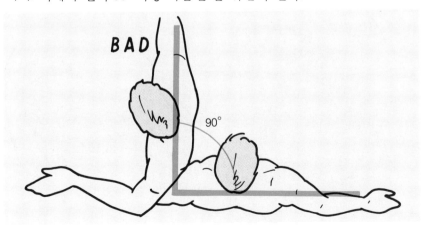

터치의 표적은 상공의 깃발

턴의 타이밍은 스트로크를 정지함과 동시에 뻗은 쪽의 손을 벽에 터치할 수 있는 것이 이상적이다. 그러나 백은 진행방향 앞쪽이 보이지 않으므로 그 거리감을 파악하는 것이 크롤보다 더욱 어렵다.

표적은 풀의 5m라인 상공에 쳐 있는 작은 깃발이 부착된 로프. 연습으로 이 깃발이 보인 다음 몇 스트로크째에 손을 뻗으면 꼭 좋은가, 그것을 배우도록 하자. 목을 돌려 앞쪽을 보면서 연습을 하면 좋다.

벽을 찰 때 양손은 귀로

어느 한 쪽의 손으로 터치하는 것과 동시에 발을 수면에 끌어올리면 곧 손을 떼고 회전 후 크롤과 같이 양발로 벽을 차서 전진한다. 이때 양손은 귀를 끼우는 것처럼 해서 앞으로 뻗고 상체도 완전히 수면 방향을 향해 있도록 하지 않으면 안 된다. 회전 중 허리를 너무 비틀지 않도록 하는 것이 요령이다.

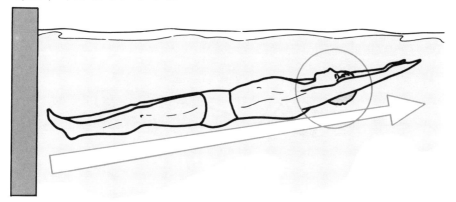

팔의 상하로 깊이가 정해진다

벽을 찰 때, 앞쪽으로 뻗어 있는 팔의 깊고 얕음은 초심자가 상상하는 이상으로 중요한 역할을 갖고 있다. 팔을 너무 뒤로 젖히면 몸이 깊게 가라앉고 반대로 위를 향하게 하면 찬 힘을 이용할 수 없는 사이에 몸이 수면에 나와 버린다. 즉, 팔은 턴 직후의 방향타라고 할 수 있다. 수중을 직진하도록 유의하자.

좌우 번갈아서 연습해 보자

　백의 퀵 턴도 좌우 번갈아서 연습하고 어느 쪽이라도 할 수 있도록 하자. 턴의 계기는 터치하는 손을 뻗으면 가슴을 뒤로 젖히고 뻗은 손 쪽으로 얼굴을 향하면서 머리를 가라앉히게 하는 것이 요령. 벽을 찬 뒤에는 수중에서 백의 기본 자세를 취하면서 힘으로 전진하고 힘이 없어져 갈 무렵에 킥을 시작. 어느 쪽인가 한쪽 손의 스트로크로 몸을 뜨도록 하자.

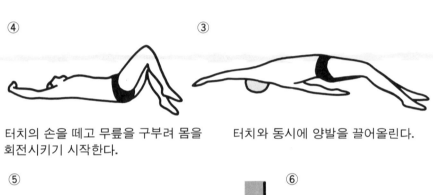

④ 터치의 손을 떼고 무릎을 구부려 몸을 회전시키기 시작한다.

③ 터치와 동시에 양발을 끌어올린다.

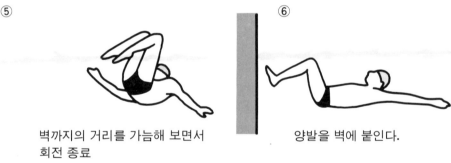

⑤ 벽까지의 거리를 가늠해 보면서 회전 종료

⑥ 양발을 벽에 붙인다.

⑨ 상체의 젖힘이나 허리의 구부림에 주의해서 벽을 찬 힘으로 전진

⑩ 전진의 힘이 없어져 갈 무렵에 작게 킥

머리를 좀더
가라앉혀서……

②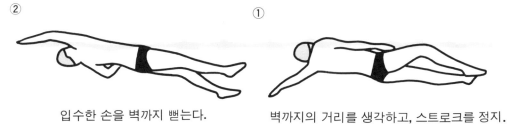

입수한 손을 벽까지 뻗는다.

①

벽까지의 거리를 생각하고, 스트로크를 정지.

⑦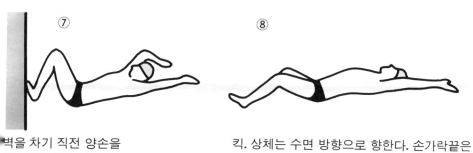

벽을 차기 직전 양손을
앞쪽으로 뻗는다.

⑧

킥. 상체는 수면 방향으로 향한다. 손가락끝은
너무 뒤로 젖히거나 너무 구부리지 말고

⑪

킥을 크게 하면서 스트로크를 개시한다.

브레스트와 버터플라이의 턴

브레스트와 버터플라이의 턴은 양쪽 모두 룰로 어깨높이의 양손이 동시에 터치가 되는 조건으로 되어 있기 때문에 거의 같다. 터치만 하면 그 뒤의 동작은 자유이므로 어떤 턴이 되어도 좋지만 일반적으로는 아래 그림과 같은 동작이 기본이다. 양손을 붙인 뒤 좌우 어느 쪽인가에 상체를 돌려서 무릎을 깊게 구부려 벽을 양발로 차서 튀어나가는 것 같은 스타일이다.

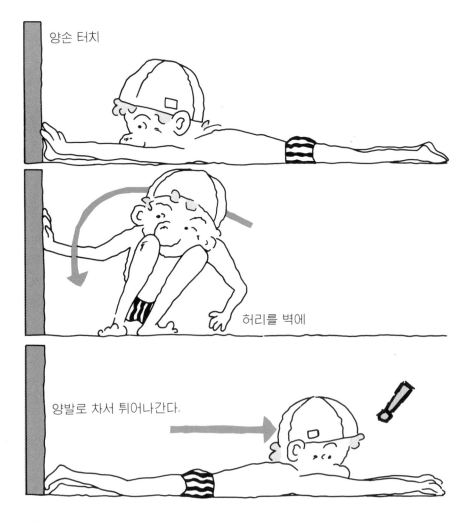

양손 터치

허리를 벽에

양발로 차서 튀어나간다.

허리를 벽에서 떼지 않는 것이 요령

턴 전반은 상체가 서 있는 것 같은 모양으로 회전해 가므로 크롤 등과는 달라서 스피디하다고는 말할 수 없다. 조금이라도 스피드 업을 꾀하려면 양발로 벽을 차는 강도가 중요. 그러기 위해서 턴을 하고 있는 동안에는 풀의 벽에서 허리를 될 수 있는 한 떼지 않는 것이 요령이 된다. 허리를 붙이고 무릎을 깊게 구부려서 힘을 모은다.

무릎을 깊게 구부리고 허리가 벽에서 떨어지지 않도록 주의하자.

차고 나서 어깨는 수평으로

양발은 크롤의 턴과 같이 벽에 옆으로 향해서 붙는 스타일이 되지만 찰 때에는 상체를 비틀어서 엎드리고 차는 것과 동시에 팔부분이 바닥을 향하고 있는 것처럼 하지 않으면 안 된다. 옆으로 향한 채 튀어나가는 것은 반칙이다.

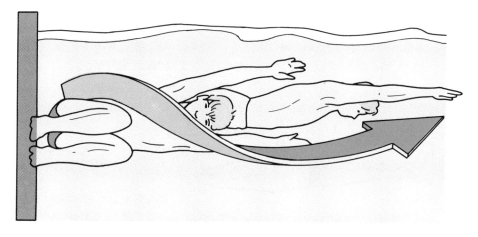

한쪽 손은 물 위로 나온다

이 턴은 양손을 붙인 다음 곧 한쪽 손을 벽에서 떼고 팔꿈치나 하반신의 힘을 빼고서 헤엄쳐 온 스피드의 힘으로 벽에 몸을 접근해 가는 것이 요령이 된다. 무릎을 구부려 양발이 벽에 붙으면 곧 머리를 가라앉혀 가는데 이때까지 벽에 남겨 두었던 쪽의 손은 수면 위에 나와 있는 것이다.

무릎을 힘껏 끌어당겨 몸을 반전

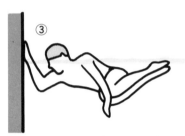

허리를 비트는 동시에 무릎을 구부린다.

양발이 벽에 붙으면 몸을 벌리는 쪽의 손을 뗀다.

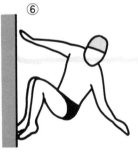

허리를 비틀어 상체를 서서히 아래로 향해서

힘으로 수중을 전진. 이 자세는 크롤과 같다.

힘이 쇠퇴하기 시작하면 브레스트이면 스트로크, 버터플라이이면 킥 개시

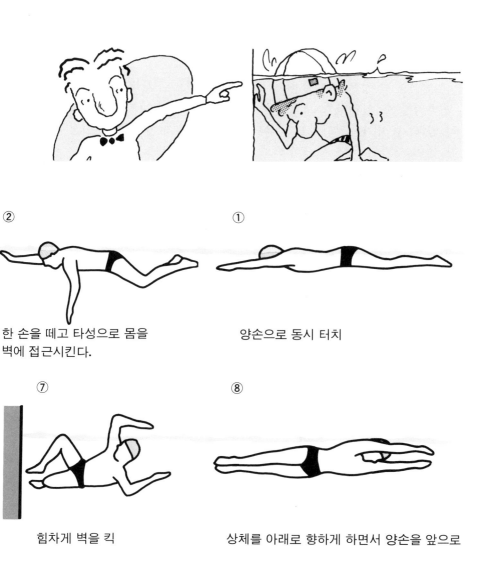

②
한 손을 떼고 타성으로 몸을
벽에 접근시킨다.

①
양손으로 동시 터치

⑦
힘차게 벽을 킥

⑧
상체를 아래로 향하게 하면서 양손을 앞으로

⑪
스트로크와 킥을 맞추면서 수면 위로 떠오른다.

브레스트는 작게 저어서 손을 붙인다

브레스트의 경우는 앞쪽을 정확히 볼 수 있으므로 벽과의 거리감은 곧 파악할 수 있지만 스트로크와 터치의 타이밍이 맞지 않는 일이 흔히 있다. 한 번 더 젓기에는 짧으나 그대로라면 미치지 못하는 경우이다. 벽이 가까이 오면 작은 스트로크로 타이밍을 맞추도록 하자.

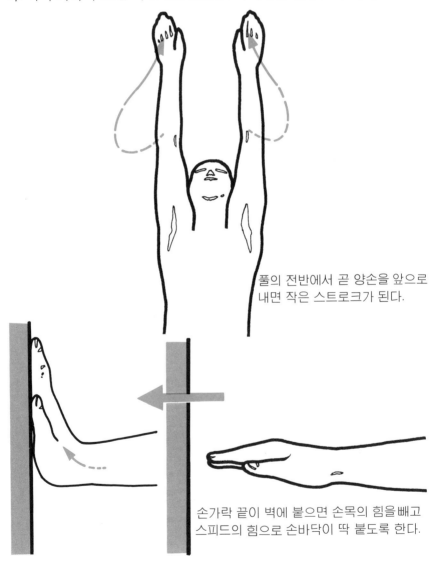

풀의 전반에서 곧 양손을 앞으로 내면 작은 스트로크가 된다.

손가락 끝이 벽에 붙으면 손목의 힘을 빼고 스피드의 힘으로 손바닥이 딱 붙도록 한다.

브레스트에서는 잠수 영법을 잘 사용하라

브레스트의 룰에서는 턴 후의 1스트로크 1킥만 수중에서 해도 좋다고 되어 있다. 즉, 잠수 영법을 할 수 있다는 것이다. 양발로 벽을 차고 난 다음 힘이 쇠퇴하기 시작할 때에 잠수상태로 브레스트의 스트로크를 한 번 한다. 그 뒤, 손을 앞쪽으로 내밀면서 한번 킥하고 수면으로 나오는 것이다. 이 1스트로크 1킥으로 될 수 있는 한 전진한다.

스트로크로 물을 한 번 젓는다.

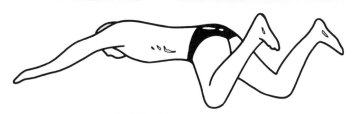

손을 앞으로 내면서 발을 끌어당긴다.

킥 1회로 수면에 나온다.

버터플라이는 터치 직전의 양손뻗기

버터플라이의 경우는 벽의 조금 앞에서 스트로크를 중지하고 양손을 앞으로 뻗은 채 킥만으로 최후의 거리를 채우고 손 터치의 타이밍을 맞추는 것처럼 한다.

룰상 손을 아래로 움직이면 반드시 다시 한 번 스트로크를 하고 손을 수면 위로 내지 않으면 안 되도록 되어 있으므로, 스트로크로 타이밍을 맞출 수가 없는 것이다.

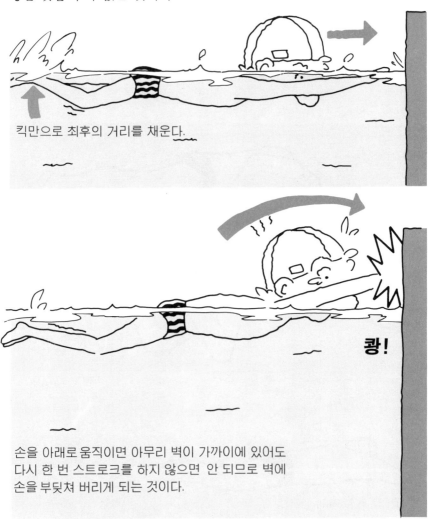

킥만으로 최후의 거리를 채운다.

쾅!

손을 아래로 움직이면 아무리 벽이 가까이에 있어도
다시 한 번 스트로크를 하지 않으면 안 되므로 벽에
손을 부딪쳐 버리게 되는 것이다.

버터플라이는 2킥 1스트로크로 떠오른다

벽을 찬 힘이 쇠퇴하기 시작할 때, 킥 1회로 잠수한 채 전진, 다음에 1회 킥을 더 하면서 손을 뒤쪽으로 저어서 수면으로 나온다는 것이 버터플라이의 턴 후의 떠오르는 방법이다.

잠수 중의 킥은 최초의 1회뿐이며 2회째의 킥과 스트로크로 이미 버터플라이의 영법에 들어가 있다고 생각하면 된다. 스트로크를 강하게 해서 수면에 몸을 내는 것이 요령이다.

턴의 힘이 쇠퇴할 때까지 수중을 전진.

잠수상태로 킥 1회.

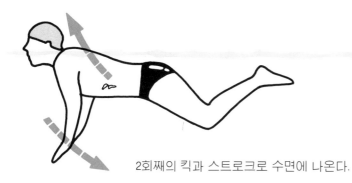

2회째의 킥과 스트로크로 수면에 나온다.

개인 메들리의 턴

수영 학교 등의 교습 과정에서는 4영법의 레슨이 대충 끝나면 개인 메들리로 옮기는 일이 많다. 수영하는 순서는 버터플라이 → 백 → 브레스트 → 크롤.

턴의 방법도 각 영법의 것과는 좀 다른 것이 되므로 어디까지나 경기를 목적으로 한 방법이기는 하지만 4영법을 일단 마스터하면 꼭 도전해 보기 바란다.

버터플라이 → 백

터치를 경계로 완전히 몸을 뒤집는 턴이 된다. 양손으로 벽에 터치하면 팔꿈치나 무릎의 힘을 빼고 몸을 벽으로 밀어 붙이고 양발이 벽에 붙는 것과 동시에 손을 떼고 뒤쪽으로 상체를 젖히는 듯이 하면서 벽을 찬다. 뒤는 양손을 뻗어서 뒤쪽으로 발돋움. 백의 스타트와 같은 요령이다.

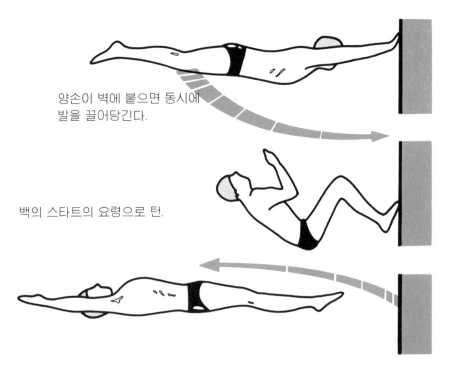

양손이 벽에 붙으면 동시에 발을 끌어당긴다.

백의 스타트의 요령으로 턴.

백 → 브레스트

한 손으로 터치해서 양발을 수면에 올리는 데까지는 백의 턴이 요령. 뒤는 허리를 둥글게 하면서 양무릎을 똑바로 얼굴 쪽으로 끌어당겨서 회전한다. 즉, 완전하게 뒤쪽 공중제비를 해 버리는 것이다. 양발이 벽에 붙는 것과 동시에 양손을 앞으로 뻗어서 킥. 떠오르기는 브레스트의 스타일이 된다.

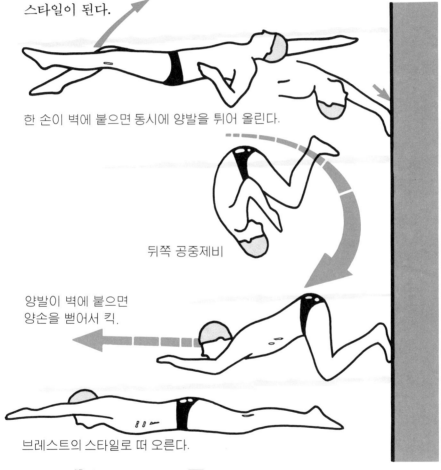

한 손이 벽에 붙으면 동시에 양발을 튀어 올린다.

뒤쪽 공중제비

양발이 벽에 붙으면
양손을 뻗어서 킥.

브레스트의 스타일로 떠 오른다.

브레스트 → 크롤

전 2회의 턴이 각각 몸을 뒤집는데 대해 브레스트에서 크롤로 이동할 때는 몸의 방향이 같다. 따라서 이 경우는 양손을 붙인 다음 벽을 찰 때까지 브레스트의 턴을 그대로 하면 된다는 것이다.

2 스타트

스타트는 특히 단거리의 경우 승패를 좌우하는 커다란 요소가 된다. 총정리를
한다는 뜻에서 좋은 스타트를 배우자.

우선 낮은 자세부터 해 본다

경영용 풀의 스타트대에 서 보면 알지만 생각했던 이상으로 높이가
있어서 초심자는 좀처럼 대담하게 뛰어들 수가 없는 것이다. 그래서 처
음에는 수면에 가까운 풀의 가장자리에 서서 웅크린 자세에서 다이빙
을 해 보자. 공포심이 점차 없어져 가므로 대담하게 뛰어들 수 있을 것
이다.

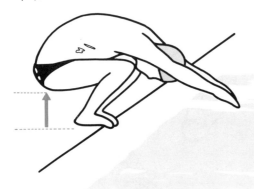

자세는 허리를 너무 떨어뜨리지 않는다.

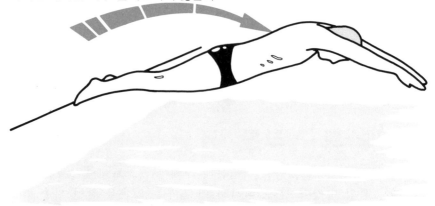

백의 스타트만이 예외

크롤, 브레스트, 버터플라이는 모두 스타트대에서 뛰어드는 스타트로 폼도 같다. 백만이 풀 안에서 행하는 독특한 스타트(다이빙이 아니다)가 된다. 공포심은 전자의 편이 크므로 익숙해지기 어렵지만 초심자에게 있어서 테크닉의 어려움은 백의 스타트가 훨씬 크다. 우선 다이빙을 배우고 백의 스타트 연습에 들어가자.

다이빙의 스타트

다이빙 스타트를 하면 반드시 배나 가슴을 강타해 버리는 초심자가 있다. 이것은 공중에서 머리가 올라가 버리기(턱이 올라간다고 해도 좋다) 때문인데, 수면을 똑똑히 보고 있지 않는 것이 원인이다. 눈을 뜨고 입수까지 수면을 보는 것이 포인트.

신장보다도 조금 앞을 보라

본격적인 클럽 스타트가 되면 출발 신호가 날 때까지 얼굴을 수그리고 있는데 초심자는 처음부터 입수 위치의 수면을 보고 뛰어드는 연습을 하자. 자기 신장보다 조금 앞, 스타트대에서 2m정도의 수면을 겨냥하여 해 보자.

이것이 중요하다.

신장보다 조금 앞을 본다.

입수할 때에는 몸을 창으로

스타트대를 차서 뛰어들면 몸 전체를 똑바로 뻗고 공중에서는 몸이 한 개의 창과 같은 스타일이 되는 것이 이상적이다. 허리가 구부려지든지 무릎이 구부려지면 입수시에 물의 저항이 커진다.

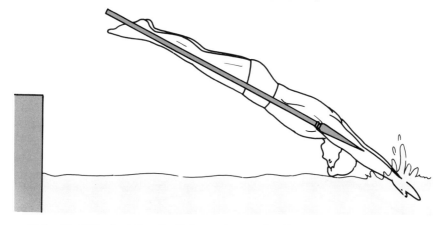

깊게 잠수하지 않도록 하자

입수는 똑바로 뻗은 손에서 차례로 가슴→배→발의 순서로 들어가는데 그 각도는 될 수 있는 한 얕게, 등이 수면에 평행하게 되는 정도가 좋다. 각도를 붙여서 깊게 잠수해 버리면 스타트의 힘을 전진의 힘으로 살릴 수 없게 되는 것이다.

이것은 나쁜 예!

발끝은 풀의 가장자리로

스타트는 클럽 스타트와 팔을 흔드는 스타트의 2종류가 있는데 최근에는 클럽 스타트가 주류. 스타트대의 가장자리에 발가락을 걸고 거기에 양손을 포개듯이 내려서 앞으로 기울인다. 신호와 동시에 머리를 당기면서 뛰어 들어간다.

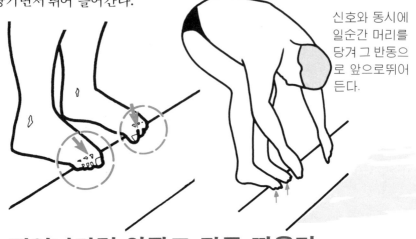

신호와 동시에 일순간 머리를 당겨 그 반동으로 앞으로뛰어 든다.

뛰어나가면 양팔로 귀를 끼운다

공중에서는 앞으로 뻗은 양손 사이에 머리를 끼우는 것처럼 하자. 턱을 당겨 팔로 후두부를 끼우는 정도가 알맞다. 이것을 꼭 맞게 안 하면 아무리 수면을 보고 있어도 머리가 올라가 버린다.

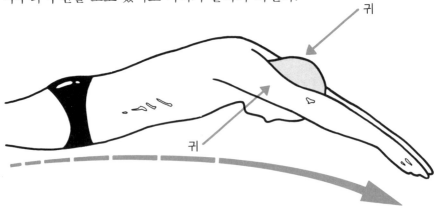

귀

귀

팔을 흔드는 스타트로 멀리
입수하는 연습을 해 보자.

입수의 각도는 될 수
있는 한 얕게 한다.

백의 스타트

백의 스타트는 아래 그림과 같은 요령인데 초심자에게는 상당히 어렵다. 몸 뒤쪽으로의 뻗음이 불충분해서 등으로 물을 미는 것 같은 모양이 되어 버린다.

우선 뒤쪽(진행방향)으로 뛰어드는 연습부터 시작해서 뛰어드는 힘을 전진으로 살리는 요령을 익혀 두자.

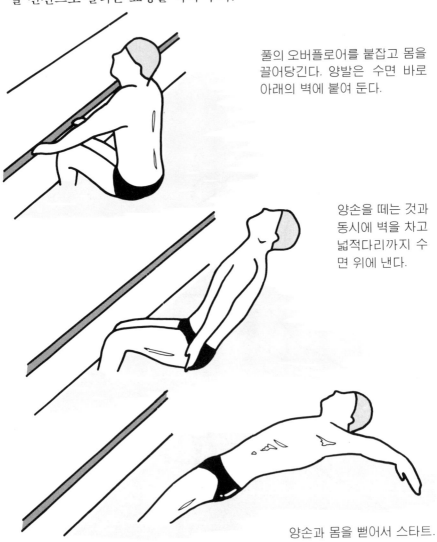

풀의 오버플로어를 붙잡고 몸을 끌어당긴다. 양발은 수면 바로 아래의 벽에 붙여 둔다.

양손을 떼는 것과 동시에 벽을 차고 넓적다리까지 수면 위에 낸다.

양손과 몸을 뻗어서 스타트.

코에서 숨을 계속 낸다

턴과 마찬가지로 백의 스타트도 입수해서 떠오를 때까지 코에서 공기를 계속 내뱉도록 하자. 한 번 물 위에 나온 상반신이 뒤로 향해 손 →머리의 순으로 입수하므로 뛰어들기 스타트보다도 훨씬 코에 물이 들어가기 쉽다.

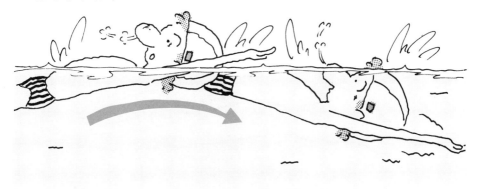

턱을 들고, 그 다음은 턱을 당긴다

스타트의 신호와 함께 상체를 뒤쪽으로 젖히고 등보다도 먼저 머리를 입수시키기 위해서는 턱의 동작이 중요한 포인트가 된다. 전반, 몸을 젖힐 때에는 턱을 들고 목으로 상체를 리드하며, 입수시에는 턱을 꽉 당긴다. 입수시까지 턱을 들고 있으면 전진의 폼으로 들어가기 어렵기 때문이다.

몸을 최대한 젖힌다

상체의 젖힘이 부족하면 등으로 물을 미는 저항이 많은 입수가 되어 버린다. 초심자는 조금 지나칠 정도로 몸을 젖히도록 하자. 후반은 양 손을 똑바로 뻗고 팔로 양귀를 끼우는 것이 포인트. 양팔을 흔들어서 몸이 뻗으면 귀를 끼우는 연습을 반복해서 해 보면 좋다.

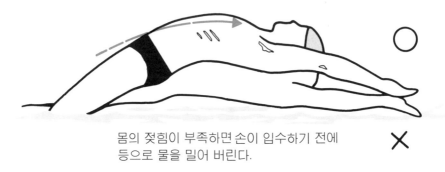

몸의 젖힘이 부족하면 손이 입수하기 전에
등으로 물을 밀어 버린다.

손가락끝만은 조금 구부린다

뛰어나가기는 몸을 젖히는 것이 포인트이지만 입수시는 뛰어들기 스타트와 마찬가지로 수면에 대해서 깊은 각도를 붙이지 않는 편이 좋다. 입수시에 손가락끝을 조금 구부리는 것도 요령의 하나. 손가락이 뒤로 젖혀지면 몸이 깊게 잠수해 버린다.

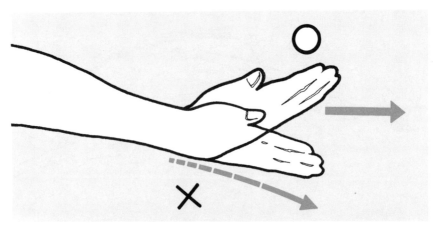

힘이 없어지기 직전에 킥 개시

   각도를 얕게 입수하고 입수한 뒤 몸이 수면과 평행하게 전진하는 것이 가장 좋다. 양손을 뻗은 채 스타트의 힘으로 잠깐 전진하고 힘이 쇠퇴하기 시작할 무렵에 킥 개시. 거의 동시에 어느 한쪽의 손으로 스트로크하여 수면에 떠오른다. 턴의 직후와 마찬가지로 잠수시에 최초의 힘을 살리면서 전진으로 잘 연결시켜 가는 것이 이상적이다.

상체가 깊이 가라앉지 않도록 주의.

스타트의 힘으로 잠깐 전진한다.

힘이 없어져 갈 무렵에 킥 개시.
동시에 스트로크로 떠오른다.

원 포인트 어드바이스 —바다수영에서의 주의점

수온이 급격하게 변화한다

해수욕장이라고 하더라도 조금 물가에서 멀리 떨어진 곳으로 헤엄쳐 가면 급격하게 수온이 떨어지는 경우가 많다. 예상하지 못했던 변화이므로 손발의 경련이나 심장마비의 원인이 되는 일도 있다.

이상하다고 느껴지면 곧 되돌아올 것. 무리를 하는 것은 금물이다.

조류에는 거스르지 않는다

수온의 변화뿐 아니고 바다에서 대단히 빠른 조류를 타버리는 일도 흔히 있다. 이런 때에는 그 흐름에 거스르지 않는 것이 중요하다. 만내류인 이상 외양으로 옮겨질 염려는 적으므로 물가로 자연히 접근할 때까지 옆으로 헤엄치고 있는 것이 정답이다.

파도에 휩쓸리게 되면

파도가 높은 날은 수영을 하지 않는 것이 원칙이지만 완만했던 해면이 어느새 파도가 이는 경우도 있다. 수영중에 커다란 파도에 휩쓸리게 되면 당황하지 말고 몸을 둥글게 하는 것처럼 해서 파도에 몸을 맡겨 버리는 것. 파도 아래로 들어가 버리면 멀지 않아 몸은 두둥실 수면으로 나와 주는 것이다.

만조와 간조에 요주의

감시체제가 갖추어져 있지 않는 바다에서 수영할 때에는 그날의 간조, 만조의 시각을 확인해 두는 용의 주도함이 필요하다. 간조중에 바다로 나가서 돌아오지 못하게 되었다든지 만조로 어느새 수심이 깊어진 것을 알지 못하고 빠져 버리는 일도 있기 때문이다.

부낭을 너무 믿지 말라

수영에 자신이 없는 사람에게는 부낭이나 비닐볼이 구세주라고 하지만 과신하면 그것이 원인이 되어 빠지는 일도 있으므로 주의하자. 부낭을 달고 있으면 바람이나 조류, 파도 등의 영향을 크게 받게 된다는 것이 그 이유이다. 뜻밖의 속도로 바다로 흘러가서 되돌이킬 수 없는 경우도 있다.

몸의 보호 장구도 잊지 말라

해수욕장이 아닌 바닷가나 바위가 많은 곳에서 수영할 때에는 몸 그 자체의 가드도 생각해 두자. 수영복 하나로 바다에 들어가면 바위나 조개 등에서 손발을 다치든지 해파리에 찔리든지 하기 때문이다. 해파리 방지에는 긴 팔의 셔츠를 입고 수영할 것. 바위나 조개에 대해서는 고무신이나 양말, 면장갑 등이 유효하다.

풍파는 체력을 소모시킨다

조금 강한 바람이 불면 해면에는 작은 삼각파가 일어난다. 사실은 이 파도를 얕볼 수 없는 것이다. 수영중에 늘 머리에 걸려서 호흡을 방해하고 스위머의 체력을 소모시키는 원흉이다. 그런 때에는 수영을 하지 않는 것이 제일의 대항책이지만 도중에서 그렇게 되어 헤엄치지 않으면 안 되는 경우는 바람 밑을 겨냥한 코스를 택할 수밖에 없다.

제 4 장
근력의 파워 업

수영을 하기에 좋은 이상적인 몸의
조건으로는 알맞게 살이 찌고 유연성이
요구된다.
특히 발목, 어깨, 무릎 그리고 등인데
일상생활에서 이런 부분에 유연성을
높여주도록 한다.

체형에 따른 알맞은 영법

결코 절대적인 것은 아니지만 체형에 따라서 적합한 영법과 그렇지 않은 영법이 있다. 예를 들면 몸이 단단한 사람은 크롤이나 백이 적합하고 살찐 사람에게는 버터플라이가 곤란하다. 총체적으로 살찐 것보다 알맞게 살이 찐 체형이 좋다.

부드럽고 큰 손발이 이상적

수영을 하기 위한 이상적인 몸의 조건으로서 알맞게 살이 찌고 야무질 것, 몸이 유연할 것에 덧붙여 손발의 크기를 들 수 있다. 그 이유는 손이나 발이 크면 그 만큼 푸시 할 수 있는 물의 양이 증가하기 때문이다. 눈에는 보이지 않지만 순발력과 지속성을 겸비하고 내장이 튼튼하다는 것도 중요한 조건이다.

근육이 발달한 사람은 수영할 수 없다 ?

수영에서는 역기와 같은 폭발적인 근력은 요구되지 않는다. 끈기 있고 부드러운 근육을 만드는 편이 중요하다. 필요한 것은 어깨, 가슴, 등줄기, 뱃살 그리고 위팔 뒤쪽의 근육(상완 삼두근), 하반신에서는 넓적다리의 표면이 근육이다. 알통을 만드는 상완 이두근이나 장딴지의 근육은 그다지 중요하지 않다.

어깨

가슴

상완 삼두근

배

넓적다리의
표면

등줄기

근력 향상을 위한 트레이닝법

근력 업의 트레이닝은 특별한 기구를 사용하지 않아도 가정에서 충분히 할 수 있다. 효과적으로 하는 요령은 반동을 이용하지 않고 1회씩 천천히 할 것. 적당한 트레이닝을 쉬지 말고 매일 하도록 하자.

▶ 등

등을 똑바로 한 채 상체를 90°로 구부리고 양손으로 중량물을 천천히 올렸다내렸다 한다. 1세트 10~15회로 OK다.

▶ 어깨

걸터앉은 자세로 중량물을 양손으로 올렸다내렸다 한다. 내릴 때는 후두부의 좌우에 내리는 것이 포인트다. 20~30회.

▶ 가슴

대흉근의 단련은 엎드려 팔굽혀 펴기(푸시 업)가 효과적. 양발의 위치를 높게 하고 깊게 몸을 가라앉히듯이 한다. 아래 그림과 같은 자세도 유효하다. 천천히 10회가 목표.

▶ 팔

양팔을 얕게 끼고 위 아래에서 민다. 힘을 넣은 상태로 10초 정도 견디는 것이 포인트. 양손을 뒤쪽으로 붙인 리버스 디프스도 효과가 크다. 어느 쪽도 10회씩.

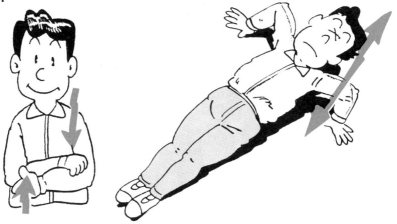

▶ 넓적다리

넓적다리는 스쿼트로 강화한다. 한 발로 하면 더욱 효과가 크다. 양발이면 20~30회. 한 발이면 10회가 목표다.

▶ 배

상체의 업 다운은 무릎을 구부려서 하면 허리를 다치지 않는다. 반대로 양발을 45°정도로 들고 15~20초 계속 유지하는 것도 좋다. 20~30회.

45°

유연성을 기르기 위한 트레이닝법

근력과 동등하거나 또는 그 이상으로 중요한 것이 몸의 유연성이다. 특히 필요한 것은 발목, 어깨, 무릎 그리고 등이다. 일상 생활에서도 의식적으로 이러한 부분의 유연성을 높여 가도록 노력하자.

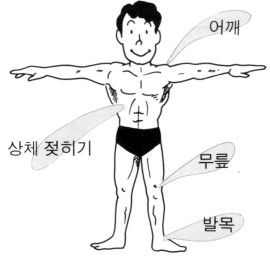

▶ 어깨

한쪽 손을 등방향으로 구부리고 다른 한쪽 손으로 무릎을 밀어내린다. 등에서 양손을 끼워 보는 것도 좋다. 이 운동과 양손의 빙빙 돌리기를 합쳐서 해 보자.

▶ 발목

바로 앉은 상태로 발목을 체중에 걸어서 강제적으로 뻗는 방법. 몸을 뒤로 기울고 무릎을 상하로 움직이는 반동을 이용하면 좋다.

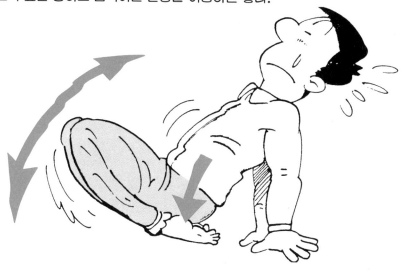

▶ 등

상체 젖히기, 또는 그 반대의 양발 들기. 등근력의 트레이닝도 된다.

▶ 무릎

스쿼트(양발)와 회전을 합쳐서 하면 좋다.

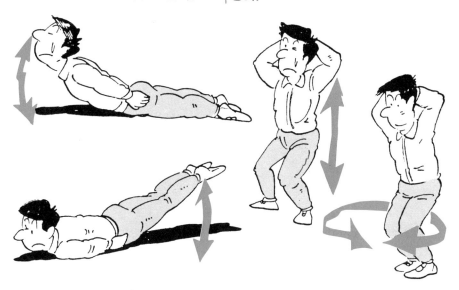

서킷 트레이닝으로 심폐 기능 강화

지금까지 설명한 근력 업이나 유연성을 기르는 트레이닝을 몇 가지 짝지어서 하는 것을 서킷 트레이닝이라고 말한다.

각 운동 사이에 반드시 1분 정도의 휴식 타임을 갖고 일련의 운동을 몇 세트로 반복하는 것이 원칙. 이것을 함으로써 심폐 기능이 높아져 지속력이 붙는다.

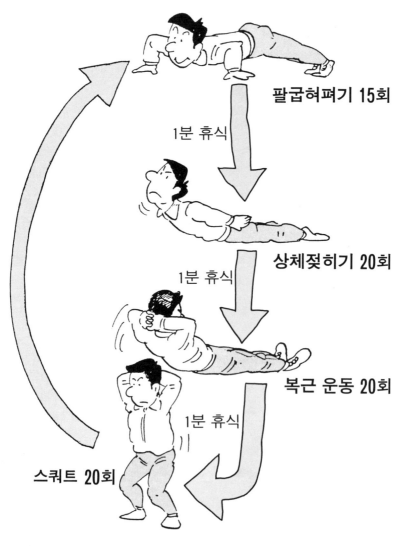

팔굽혀펴기 15회

1분 휴식

상체젖히기 20회

1분 휴식

복근 운동 20회

1분 휴식

스쿼트 20회

할 수 있겠다고 할 때 중지하는 것이 요령

각 운동의 적정량을 개인의 레벨에 따라서 다르지만 어떤 레벨에서도 "좀더 할 수 있겠다."고 할 때 중지하는 것이 요령이다. 여력을 남긴 트레이닝을 매일 계속하고 조금씩 양을 늘려가도록 하자.

풀에서는 인터벌 연습

심폐 기능을 강화하는 데는 인터벌 트레이닝도 효과적이다. 풀이면 25m를 전력으로 헤엄치고 조금 휴식. 또 25m를 전력. 러닝이면 50m정도의 대시와 가벼운 조깅과 같은 완급을 반복하는 트레이닝법이다.

전력으로 25m.조금 쉬고 반복한다

원 포인트 어드바이스 ─ 4영법의 룰

본격적으로 룰을 배우자

① 레인을 벗어나지 않는다. ② 남을 방해하지 않는다. ③ 턴시에 풀의 바닥에 발을 붙이지 않는다. ④ 레이스 레인(코스 로프)을 잡지 않는다라는 것이 4영법에 공통된 금지 사항이다. 거기에 영법별의 룰이 추가된다. 최소한의 룰 정도는 배워 둬야 할 것이다.

크롤의 룰

경기 종목으로는 『자유형』이므로 정확하게 크롤의 룰이라는 것은 없다. 어떤 모양으로 헤엄쳐도 상관없으므로 가장 스피드가 나는 크롤이 되었고 세부적인 규제는 거의 없다.

도중에서 다른 영법으로 바꾸어도 규칙상 문제가 없고 턴도 골도 몸의 일부가 풀의 벽에 닿으면 된다.

백의 룰

가장 주의해야 할 것은 수영중에 어깨를 90°이상 돌려 버리지 않는 것이다. 턴 때 특히 유의할 필요가 있다.

그 밖에는 ①턴 때 발이 벽에서 떨어지기 전에 몸을 위로 보게 돌려 놓을 것, ②스타트의 자세에서 양발끝이 수면보다 위로 나와서는 안 된다. ③턴이나 골에서 터치 전에 위로 보는 자세를 무너뜨리지 않는다는 세 가지 점을 배워 두자.

수영 중에 어깨를
90° 이상 돌리지
않는다.

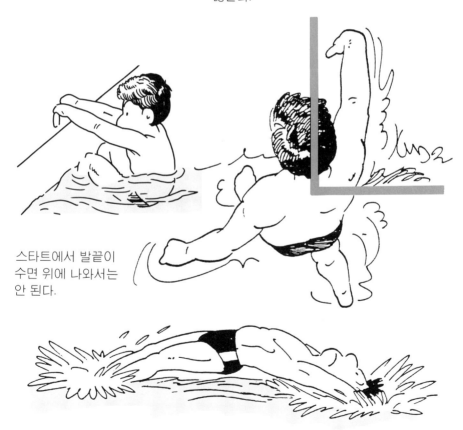

스타트에서 발끝이
수면 위에 나와서는
안 된다.

브레스트의 룰

룰이 엄한 브레스트로, 특히주의해야 할 것은 ① 스타트와 턴 때 이외는 머리가 항상 수면 위에 있을 것, ② 터치는 양손으로, ③ 양손 양발은 동시에 움직이게 한다(좌우 대칭). ④ 발등으로 물을 차서는 안 된다의 4가지 점이다.

단, 머리가 수중에 가라앉아 있는지 어떤지는 어디까지나 정지 수면이 기준으로 되어 있으므로 물보라를 뒤집어 쓰는 것은 상관없다.

머리는 항상 수면 위로

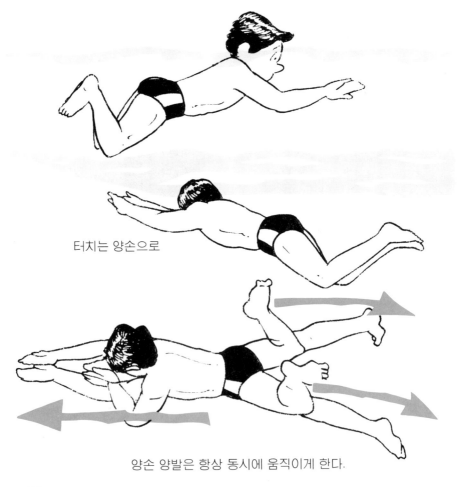

터치는 양손으로

양손 양발은 항상 동시에 움직이게 한다.

버터플라이의 룰

① 양손 양발을 반드시 가지런히 해서 상하로 움직이게 한다. ② 스타트와 턴 때의 잠수 중에는 스트로크가 1회만 인정된다(킥은 몇 번이라도 좋다). ③ 터치는 반드시 양손으로 한다는 세 가지 점이 주의 포인트.

호흡에 관해서는 반드시 앞쪽이 아니라도 좋고 옆으로 얼굴을 들어서 가도 지장이 없다.

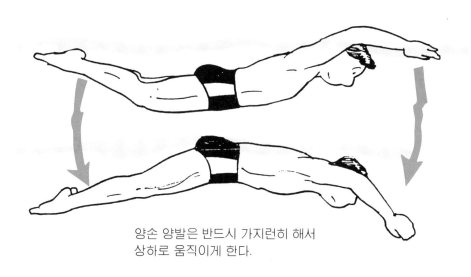

양손 양발은 반드시 가지런히 해서
상하로 움직이게 한다.

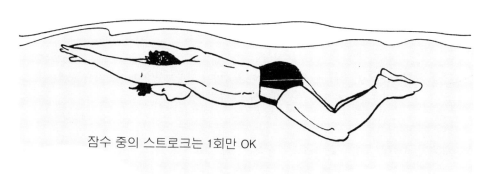

잠수 중의 스트로크는 1회만 OK

수영 용어 해설

ㄱ

개인 메들리(*medley*) ● 한 사람의 선수가 버터플라이→브레스트→자유형의 순서로 수영하는 경기로, 200m와 400m의 2종목이 있다. 4명의 선수가 수영하는 것은 메들리 (*medely relay*) 릴레이. 어느 쪽도 4번째의 자유형을 버터플라이, 백, 브레스트 이외로 수영해야 하기 때문에 크롤이 되는 것이 보통이다.

골(*goal*) ● 결승점

ㄴ

노 브레싱(*no breathing*) ● 100m 자유형 등에서 흔히 볼 수 있는데, 호흡을 멈추고 헤엄치는 것.

ㄷ

단수로 ● 25m 풀을 말한다. 이것에 대해서 50m 이상의 풀을 장수로라고 말한다. 세계 기록은 50m 풀에서 수립된 기록만이 공인된다. 국제적으로는 옥외가 장수로, 옥내가 단수로의 경기가 되는 것이 보통. 턴을 잘하는 선수는 같은 거리를 수영해도 단수로 쪽이 보다 좋은 기록이 나온다.

돌핀 킥(*dolphin kick*) ● 버터플라이에서 양발을 모아서 헤엄치는 영법. 돌고래의 발지느러미 동작과 비슷한 데서 이렇게 부른다.

ㄹ

랩 타임(*lap time*) ● 전 코스의 일정 구간마다 걸린 시간. 보통 50m 또는 100m씩 발표된다.

레글리스(*legless*) ● 다리를 쓰지 않고 팔만으로 헤엄치는 것. 팔 강화연습에 쓰인다.

레이스(*race*) ● 경영. 즉, 일정한 거리를 헤엄쳐 그 빠르기를 겨루는 경기.

롤링(*rolling*) ● 수영중에 몸(특히 어깨의 선)이 좌우로 흔들리는 것. 피칭과 마찬가지로 적은 편이 좋으나 크롤과 백의 경우 어느 정도의 롤링은 어쩔 수 없다.

리커버리(*recovery*) ● 크롤, 백, 버터플라이의 스트로크로 손이 수면에 나와 또다시 입수하기까지의 동작. 어느 경우에도 무릎의 동작이 포인트가 된다.

ㅁ

메들리 릴레이(*medley relay*) ● 400m 메들리 릴레이가 일반적인데, 버터플라이→백→브레스트→자유형의 순서로 각각 100m씩 4명이 계영한다.

ㅂ

바이크 스타트(*bike start*) ● 자세는 클럽 스타트와 같지만 공중에서는 의식적으로 손과 머리를 아래쪽으로 향해서 ㄱ자 모양의 자세를 만드는 스타트. 현재의 톱 스위머는 거의 이 스타트 방법을 택하고 있다.

백 스트로크(*back stroke*) ● 배영.

버터플라이(*butterfly*) ● 접영.

브레스(*breath*) ● 수영중에 호흡을 하는 것.

브레스트 스트로크(*breast stroke*) ● 평영.

비사이요 스타트 ● 백의 스타트 방법의 하나. 스타트 후의 잠수 중에 위를 보고서 돌핀 킥을 하고 긴 거리를 잠수 상태에서 나아간다. 25*m*정도 잠수한 채로 나아가는 선수도 있다. 또 턴 후의 잠수에도 사용할 수 있는 방법으로 이 경우는 비사이요 턴이라고 부른다. 비사이요란 이 테크닉을 최초로 사용한 선수의 이름.

비트(*beat*) ● 크롤, 백, 버터플라이 등에서 킥으로 물장구를 치는 것. 크롤에서는 6비트가 일반적이다.

ㅅ ──────────────────────────────────────

사이드 브레싱(*side breathing*) ● 버터플라이와 같은 영법에서 옆을 보며 호흡하는 방법.

사이드 스트로크(*side stroke*) ● 횡영. 물 위에 모로 누운 자세로 머리를 들고 헤엄쳐 나가는 영법.

서머소트 턴(*samersaut turn*) ● 크롤과 백의 퀵 턴의 별칭.

스위밍 풀(*swimming pool*) ● 수영장. 스위밍 베스(*swimming beth*), 스위밍 탱크(*swimming tank*)도 수영장이라 한다.

스타팅 그립(*starting grip*) ● 백의 스타트를 위해 풀의 가장자리와 수면의 거의 중간의 벽에 마련된 손잡이 막대.

스트로크(*stroke*) ● 팔로 물을 젓는 동작.

스퍼트(*spurt*) ● 결승점 부근에서 빠른 속력으로 헤엄치는 것. 경기에 있어서는 남을 따라잡고 앞질러 가기를 시도하는 것.

스프린터(*sprinter*) ● 단거리 수영 경주 선수.

스프린트(*sprint*) ● 수영에서 단거리 경기.

시저스 킥(*scissors kick*) ● 횡영이나 입영에서 마치 가위처럼 양다리를 번갈아 차면서 헤엄치는 방법.

ㅇ ──────────────────────────────────────

에이지 그룹(*age group*) ● 연령별로 나누어 경기하는 방법. 예를 들면, 10세 이하, 10-11, 12-13, 14-15, 16-17, 18세 이상으로 나누어 경기를 치룬다.

오버 플로우(*over flow*) ● 배수를 위해 풀 수면의 조금 위에 설치되어 있는 홈. 킥의 연습 때 이 가장자리를 붙잡고 하는 경우가 많다.

오픈 사이드(*open side*) ● 크롤의 브레스에서 숨을 들이마시기 위해 얼굴을 돌리는 쪽. 반대쪽을 블라인드 사이드(*blind side*)라고 말한다.

오피셜 레코드(*official record*) ● 공인 기록. 공인 기록의 조건으로서는 국제 수영연맹의 공인 풀에서 이루어진 경기 대회에서 공인 기록회에서 작성된 것이어야 한다. 자유형, 백(배영), 브레스트(평영), 버터플라이(접영), 개인 메들리, 릴레이 메들리 경기를 공인 기록으로 인정한다. 미터법을 적용하고, 각 기록은 $50m$ 풀에서 작성된 것을 필요로 한다.

워밍 업(*warming up*) • 본격적인 운동을 하기 전에 하는 준비운동.

인터피어(*interfere*) • 경영중에 자기 코스를 벗어나서 다른 선수의 수영을 방해하는 것. 물론 실격.

ㅈ

장수로 • $50m$ 이상의 풀.

ㅋ

캐치(*catch*) • 크롤, 버터플라이, 백에서는 입수직후, 브레스트에서는 앞쪽으로 다 뻗은 직후의 물을 젓기 시작하려는 동작.

코스(*course*) • 경영자가 헤엄치는 수로. 수영 연맹의 규정에 따르면 폭은 $2.3m$ 이상이어야 한다. 코스 로프는 철사나 와이어 로프에 나무 또는 콜크 재질의 원통구를 감싸도록 규정하고 있다.

코스 라인(*course line*) • 코스 중앙 바닥에 그어진 선.

쿨링 다운(*cooling down*) • 정리 운동. 연습 또는 시합과 같이 격렬한 운동을 한 뒤, 재빨리 심신의 피로를 풀기 위해 가볍게 운동하는 것.

킥 턴(*quick turn*) • 물 속에서 하는 잠자리 돌기와 같이 뒤집어 넘기의 턴. 서머소트 턴이라고도 한다.

크램프(*cramp*) • 근육의 경련. 수영할 때 종아리에 나는 쥐를 말한다.

크롤 스트로크(*crawl stroke*) • 현재로는 가장 스피드가 나는 영법. 아메리칸 크롤, 트라지온 크롤, 오스트레일리아 크롤 등의 크롤 영법이 있다.

클럽 스타트(*club start*) • 스타트대에서의 스타트 방법의 하나. 상체를 구부리고 양손으로 대의 끝을 붙잡는다. 이것에 대해 손의 반동을 이용한 스타트를 팔흔들기 스타트라고 말한다. 팔흔들기 스타트는 릴레이의 제2영자 이하의 스타트에 잘 쓰인다.

ㅌ

터닝 보드(*turning board*) • 풀 레이스의 반환점 또는 결승점에 설치되어 있는 것으로 이곳을 터치(*toutch*)해야 실격이 안 된다.

트라지온 크롤 스트로크(*trudgeon-crawl stroke*) • 크롤 영법의 한 가지 타입. 오스트레일리아 크롤에서 아메리칸 크롤로 발전하는 과정에서 창안된 영법으로 발의 움직임이 큰 것이 특징이다.

푸시(*push*) ● 물을 밀어서 추진력을 얻는 것. 스트로크의 연속 동작에서는 후반 부분을 말한다.

풀(*pull*) ● 스트로크로 캐치에 이어 물을 젓는 동작. 추진력을 낳게 하는 중요한 과정.

프로그 킥(*frog kick*) ● 브레스트의 다리 동작. 소위 개구리 다리의 움직임처럼 동작하는 것.

프리 스타일(*free style*) ● 자유형. 크롤과 동의어로 생각하고 있으나 그렇지 않고 어떤 스타일로 수영해도 좋다라는 뜻. 크롤보다 버터플라이 쪽이 자신이 있으면 버터플라이로 수영해도 되고 도중에서 영법을 변경해도 좋다.

플라잉(*flying*) ● 출발 신호 전에 움직이든가, 레이스에 뛰어드는 것.

피니시(*finish*) ● 헤엄치는 동작의 후반부. 또는 경영의 끝 부분.

피치(*pitch*) ● 일정시간, 또는 일정거리 사이에 행하는 스트로크의 횟수를 말함. 이 횟수가 많은 수영을 피치 영법이라고 한다.

피칭(*pitching*) ● 수영중의 몸의 상하동작을 말함. 피칭은 될 수 있는 한 적은 편이 좋다.

레이스에 관한 Q & A

Q 페이스 배분은 어떻게 하는가?

50m까지라면 페이스 배분은 불필요. 오로지 전력으로 헤엄칠 뿐이다. 100m이상이 되면 자신의 영력과 지구력을 고려해서 후반에 지치지 않도록 페이스를 배분한다. 한 번 페이스를 정하면 옆 주자의 수영에 끌리지 않도록 하는 것이 중요하다.

Q 좋은 스타트와 그 타이밍은?

스타트의 신호를 듣고 난 다음 동작을 개시해서는 정말로 늦다. 『준비』하면 가능한 한, 앞으로 체중을 걸고 몸이 떨릴 정도의 미묘한 밸런스로 신호를 기다린다.

Q 상대와의 임기응변의 진퇴의 포인트는?

육상의 중거리와 마찬가지로 상대에 대한 심리적인 압력이 효과적이다. 자기의 페이스를 지키는 것이 제일이지만 앞지를 때는 쑥 한꺼번에 떼어 놓고 상대의 기를 꺾는 것이 요령이다.

Q 크롤의 브레스에서 주의할 사항은?

왼쪽이면 왼쪽으로 일정 방향만 호흡하는 버릇이 붙으면 양 이웃의 스위머가 내는 물결에 의해서 충분하게 브레스할 수 없는 경우가 있다. 상황에 따라서 브레스의 방향이나 횟수를 조절하는 테크닉도 필요하게 된다.

당신의 수영실력 향상은
저희 일신의 자랑입니다.
－스포츠서적 편집실－

스트라이크의 참 맛을 느끼고 싶지 않으십니까?
멋진 톱 볼러를 위한 지침서가 여기 있습니다.

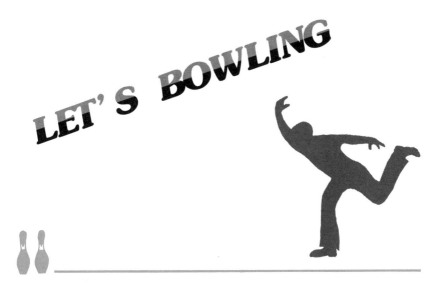

LET'S BOWLING

H501 **볼   링**

본서는 볼링에 대해 기초를 마스터하기 위한
필수적인 지침서로서, 특히 현대 미국의 톱 볼러들과
톱 볼러들의 최신 폼을 부록으로 수록하였다.

H502 **인스턴트 볼링 레슨**

미국 톱 볼러인 돈 카터 자신의 폼으로 쉽게
설명되어 있는 이 책은 초보자라도 흥미롭고
쉽게 볼링에 입문할 수 있도록 구성되어 있다.

H503 **볼링 기초 가이드**

현대인의 스트레스 해소의 첩경이라고 하는 볼링을
누구나 쉽게 이해할 수 있도록 했으며
권말에는 볼링 용어 해설과 점수 계산법을 수록하였다.

H504 **볼링 기술 핸드북**

이제부터 볼링을 시작하려는 초심자와 기초가 부족한
사람들을 위하여 볼링의 기초 지식, 기초 기술 등을
집중적으로 정리한 폭넓은 가이드이다.

H505

일신서적출판사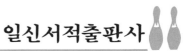

■ 저 자 / 水 谷 昭 三
■ 역 자 / 스포츠서적편집실
■ 발행자 / 남   용
■ 발행소 / 一信書籍出版社

주소 : 121 - 110 서울 마포구 신수동 177 - 3
등록 : 1969. 9. 12. NO. 10 - 70
전화 : 영업부 703 - 3001~6
        편집부 703 - 3007~8
        FAX 703 - 3009

ISBN 89-366-0996-3   33690   값 10,000원
www.ilsinbook.com